高校学生管理创新研究

钟以彬◎著

中国商业出版社

图书在版编目（CIP）数据

高校学生管理创新研究 / 钟以彬著. -- 北京 : 中国商业出版社, 2025. 4. -- ISBN 978-7-5208-3374-5

Ⅰ. G645.5

中国国家版本馆CIP数据核字第2025WX9890号

责任编辑：吴　倩

中国商业出版社出版发行
（www.zgsycb.com　100053　北京广安门内报国寺 1号）
总编室：010-63180647　编辑室：010-83128926
发行部：010-83120835/8286
新华书店经销
北京七彩京通数码快印有限公司印刷
*
710毫米 ×1000毫米　16开　9.25印张　180千字
2025年4月第1版　2025年4月第1次印刷
定价：50.00 元
* * * *
（如有印装质量问题可更换）

前　言

高校学生管理工作是高校管理系统的重要组成部分，它不仅是高校教学科研活动及学生学习生活正常开展的保证，而且是评估高校教育质量的一项核心指标，更直接影响着人才培养的质量。社会大众普遍将高校能否提供既优质又科学的管理服务体系，视为衡量其学生管理能力高低的重要标准。这一标准不仅体现了对学生管理工作重要性的广泛认知，也进一步凸显了其在高等教育体系中的不可或缺性。通过提供高效、科学的管理服务，高校能够为学生创造一个更加有序、健康的学习生活环境，促进教学科研活动的顺利开展，提高整体教育质量。

高校学生管理工作始终坚守"立德树人"这一核心使命，围绕既定的教育培养目标，致力于全方位增强学生的综合素养与专业技能，这一过程涵盖了学生的思想引领、生活指导、学业促进及心理健康等多个维度，并深入融合家庭、社会以及学校内部的各个层面，包括教学、科研、后勤管理等关键部门。为了有效推进这一进程，学生管理工作者需秉持"协同管理、整体规划"的基本原则，积极构建涵盖全体教职工、贯穿教育全过程、覆盖校园生活各方面的"三全育人"综合体系，加强各部门间的紧密合作与资源的优化配置，确保育人工作的系统性与连贯性，以促进学生全面均衡的发展。

在高校学生管理的框架内，教育与管理工作相互依存、互为支撑，其中，教育是管理工作的先决条件，而管理则是在教育引导下的具体实践行动。进一步而言，教育被视为培育高素质人才的直接且有效的手段，它为学生提供了知识与技能的积累；而管理，则作为确保教育目标得以实现的基础性保障，通过规范与引导，为学生的成长成才营造了良好的环境。在这一过程中，教育与管理两者相辅相成，共同作用于学生的全面发展，既强调了教育的引领作用，又凸显了管理在实践中的不可或缺性。

高校学生管理被普遍认为是高等教育管理体系中的核心组成部分。学生管理工作应致力于实现教育引导、发展指导与服务支持的深度融合。为了促进学生的全面发展与成长，管理者需承担起引导学生树立清晰学习目标、培养正确学习态度的重要职责，并致力于提升学生的学业自我效能感。同时，管理者还应积极协助学生进行学业规划及职业生涯规划，以及加强信息化教学手段的运用，以全面提高教育质量。

科学且高效的学生管理方法不仅能够助力大学生形成良好的学习生活习惯，还能够为其未来的长远发展奠定坚实的基础。这些方法包括但不限于制订个性化的学习计划、提供有针对性的职业指导以及构建信息化的教学服务平台等。通过这些措施的实施，学生能够更加自主地管理自己的学习与生活，从而在知识与能力上获得全面提升，为其终身发展带来深远的影响。

尽管大多数学生管理者都拥有深厚的理论积淀与丰富的实践经验，然而，随着社会环境的深刻变迁、高等教育的蓬勃发展以及教育体制的持续革新，学生管理工作正面临着一系列前所未有的挑战。面对这些挑战，管理者需展现出高度的责任感与使命感，勇于担当，积极应对。

为了有效应对这些挑战，管理者应不断加强学生管理体系的完善与能力建设的提升，确保管理体系的科学性、规范性与高效性。具体而言，包括优化管理流程、强化制度建设、提高信息化水平等多个方面。这些举措，旨在为学生提供更加优质、高效的管理服务，从而培养出具备全面素质与能力的优秀人才。在这一过程中，管理者需不断反思与总结，持续优化管理策略，以适应不断变化的外部环境与内部需求，推动学生管理工作的持续进步与发展。

本书就是在此背景下对高校学生管理工作创新进行的探索性研究，旨在为高校学生管理者提供理论指导，为高校学生管理工作的创新实践探明方向，在高校形成全员、全程、全方位育人的强大合力，为党育人，为国育才，促进学生德智体美劳全面发展，可堪大用，能担重任，成为社会主义现代化建设的主力军。

目　　录

第一章　高校学生管理概述

高校学生管理工作，作为高等教育体系中至关重要的一环，其内容涵盖了对学生日常行为规范的监督、学业成绩的动态追踪、心理健康的细致辅导、职业规划的精准指导以及各类丰富多彩的校园活动的策划与组织等多个方面。在新时代背景下，正面临着前所未有的复杂挑战。

随着互联网技术的广泛普及与网络环境的深度渗透，大学生的日常学习生活模式发生了深刻变革。这一变革不仅体现在信息获取方式的多样化与便捷性上，更在无形中重塑了大学生的思维方式、交往模式及价值观念。在此背景下，高校学生管理工作不得不直面一系列新的考验：如何有效引导学生正确利用网络资源，促进其学业与综合素质的全面提升；如何在网络环境中保障学生的心理健康，及时识别并干预潜在的心理问题；如何在网络平台上开展职业规划指导，帮助学生合理规划未来职业道路；等等。这些挑战要求高校学生管理者必须与时俱进，不断创新管理理念与方法，以适应新时代的发展需求，确保学生管理工作的科学性与有效性。

本章内容主要围绕高校学生管理的相关概念、基础理论及其独特性质展开深入的探讨与阐述。通过对这些核心理论要素的细致剖析与深刻理解，旨在为学生管理实践活动的具体实施提供一套稳固而坚实的理论支撑与科学合理的指导原则。期望通过对这些理论的探讨与分析，能够协助相关管理人员更为精准地把握高校学生管理的精髓与要义，更加有效地理解与贯彻执行相关政策措施，圆满达成培养全面发展的高素质人才的育人使命。

高校学生管理工作以大学生群体为特定服务对象，承载着独特的价值与特性。尽管它归属于管理学的范畴，但实质上，它是高校教育体系中一个不可或缺的关键环节。其核心宗旨聚焦于通过科学合理的资源配置，精心策划并协调推进一系列旨在全方位促进大学生成长成才的活动。这一过程的终极目标是实现立德树人的根本教育使命，培养具备高尚品德与卓越才能的新时代青年。

在这一框架下，高校学生管理工作不仅是对学生日常行为的规范与引导，还涵盖了学业辅导、职业规划、心理健康等多个维度的支持与服务。这一系列精心设计的活动，旨在帮助大学生在知识、技能、价值观等多个层面实现均衡发展，为其未来的社会角色与人生道路奠定坚实的基础。因此，高校学生管理工作不仅是高校教育管理的重要组成部分，更是实现高等教育目标、培养高素质人才的关键路径。

第一节　高校学生管理的理论基础探析

高校学生管理工作的实施与推进，离不开坚实的理论基础所提供的方向引领与实践支撑。在这一理论体系中，人本管理理论占据着举足轻重的地位。该理论着重强调以大学生为工作核心，充分尊重每位学生的个性特征与实际需求，致力于激发学生的内在潜能与创新精神，以期全方位促进学生的健康成长与综合发展。

和谐管理理论也为高校学生管理工作提供了另一重要视角。该理论积极倡导构建一种和谐融洽的学生管理关系，高度重视管理者与学生之间的有效沟通与密切协作，力求通过双方的共同努力，营造出一种积极向上、充满活力的校园氛围。在这一氛围的熏陶下，不仅能够促进学生的全面发展，还能够进一步提高学生管理工作的效率与质量。

在高校学生管理中，激励理论同样占据着举足轻重的地位，它通过精心设计的目标与奖励体系，能有效激发学生的内在积极性与行动力，促使学生踊跃投身于各类实践活动之中，从而在实践中不断磨砺自我，全面提高个人的综合素质与能力水平。与此同时，学生发展理论则更为深入地聚焦于学生的成长轨迹与历程，它强调根据学生的不同成长阶段与个性化特点，提供具有高度针对性的管理与服务策略，旨在为学生的健康成长与顺利成才铺设坚实的基石。这两大理论在高校学生管理的实践中相互交融、互为补充，共同构建了一个全面而系统的理论体系。激励理论以其独特的激励机制，为学生提供了持续前进的动力源泉，而学生发展理论则以其细腻的成长关怀，为学生的个性化成长提供了有力的支持与保障。在这一理论体系的指引下，高校学生管理工作得以更加科学、高效地推进，为学生的全面发展与成长成才奠定了坚实的基础。

一、人本管理理论

人本管理就是以人为本的管理制度和方式。作为一种将理论与实践紧密结合的管理方式，其核心精髓聚焦于“以个体为核心”，致力于构建一个全面体现人文关怀的管理架构。此架构旨在通过一系列以人为本的管理举措，充分激发员工的积极性、创新潜能及自发能动性，从而在本质上推动工作效率与组织效能的显著提高。人本管理模式的施行，不仅极大地优化了人力资源的配置效率，使得各项资源得以在更广阔的舞台上发挥最大效用；更为关键的是，它深入触及并满足了员工的深层次心理需求，为组织的长远发展目标奠定了坚不可摧的基石。通过人本管理的实践，组织不仅能够实现组织效能的飞跃，更能在激烈的市场竞争中稳固其领先地位。

从人本管理的视角对高校学生管理工作进行深入剖析，就迫切要求管理者必须摒弃传统的“物本管理”思维定式，转而采取一种更加人性化、全面化的管理模式。在实施学生管理的过程中，管理者不仅要严格依据既定的规章制度确保管理的规范性与秩序性，而且需要通过一系列精心设计的活动与策略，着重培养学生的意志力、塑造学生的思想观念以及丰富他们的情感体验。这一系列举措旨在通过对学生内在品质的培育与提升，进一步优化高校学生管理的整体效果与效能。

管理者应积极探索并实施多元化的管理手段与方法，如通过组织丰富多彩的校园文化活动、开展深入的心理健康教育与辅导以及提供个性化的职业规划指导等，促进学生的全面发展与成长。这些举措的实施，不仅能够增强学生的自我认知与自我管理能力，还能够为他们未来的学习与职业生涯奠定坚实的基础。

基于人本管理理论的深刻内涵，高校学生管理领域正面临着持续的发展与创新的迫切需求。这一理论强调将学生置于管理工作的核心位置，要求管理者在规划与执行各项管理策略时，必须充分考虑学生的个性化需求与全面发展。因此，为了有效应对当前高校学生管理面临的挑战，不断推动管理实践的进步与升级，我们必须在人本管理理论的指导下，积极探索新的发展路径与创新策略。

在这一过程中，我们不仅要关注学生的学业成绩与行为规范，更要深入挖掘学生的内在潜能与创造力，采取一系列富有成效的管理举措，激发他们的学习热情与成长动力。同时，我们还要注重构建和谐的师生关系，加强管理者与学生之间的沟通与互动，共同营造一个积极向上、充满活力的校园环境。通过这些努力，我们相信能够不断推动高校学生管理向更加人性化、科学化、高效化的方向发展①。在当前信息化与人工智能技术日新月异的时代背景下，高校学生管理工作更需坚守“以人为本”的核心理念不动摇。在这一理念的引领下，大学生不仅是教育管理的直接对象，更是学校教育活动的核心参与者与创造者。他们的个性化需求、兴趣爱好以及全面发展路径，应当成为高校学生管理工作规划与实施的出发点与落脚点。

鉴于此，管理者必须充分尊重并凸显学生的主体地位，将学生的实际需求与成长愿景置于管理工作的核心位置。为实现这一目标，管理者需深入了解并准确把握大学生的思想波动、行为习惯以及学习需求，通过细致入微的观察与交流，建立起与学生之间的紧密联系与深厚信任。在此基础上，管理者方能制定出更加贴近学生实际、更具针对性的管理策略与措施，从而有效推动高校学生管理工作的持续优化与升级，为学生的全面发展与成长成才提供有力保障。

---

① 朱建良．信息化背景下高校学生管理创新研究：以浙江省高校为例［D］．宁波：宁波大学，2013.

二、和谐管理理论

基于和谐管理理论的深刻洞察，高校在构建学生管理模式时，应致力于打造一个以学生为核心、注重和谐共生的管理体系。与以往侧重于规章制度的刚性管理不同，和谐管理理论更加注重凸显学生的主体性地位与主观能动性。在这一理念的指导下，高校要积极探寻让学生深度参与学校治理的新路径。

高校可以充分利用团委、学生会、班级组织以及学生代表大会等多元化平台，鼓励学生积极参与学校规章制度的制定、教学活动的规划以及校园文化的培育等各个环节。这种参与不再仅限于形式上的意见征集，而是让学生真正成为决策过程中的重要一员，他们的声音被认真聆听，他们的建议被充分考量。通过这种方式，学生不仅能够深切感受到自己在校园生活中的主人翁地位，增强对学校的归属感和责任感，而且能够确保管理措施更加精准地对接学生的实际需求，显著提升管理的实效性与满意度。

高校应当秉持全面发展的教育理念，并将其深度融入教育教学的每一个环节之中。不仅要密切关注学生的学业成绩，更要将重心放在学生心理健康的呵护、道德品质的培养以及创新能力的提升等多个维度的素养塑造上。为了构建一个多元化、包容性的成长环境，学校应当充分利用校园文化的独特魅力，精心策划与组织丰富多彩的校园文化活动，为学生提供广阔而多元的成长舞台。

在这些活动中，学生将有机会在实践中锻炼自己，无论是组织协调、团队协作还是创新思维的能力，都能得到充分的激发与提升。同时，活动也为学生提供了宝贵的交流平台，让他们在互动与沟通中增进彼此的理解与尊重，学会倾听与表达，培养良好的人际交往能力。更为重要的是，通过共同参与活动，学生能够在合作中实现共赢，学会如何与他人携手并进，共同应对挑战，从而培养出强烈的集体荣誉感与团队协作精神。这一系列举措将共同营造出一个和谐融洽、积极向上、充满活力的育人氛围，为学生的全面发展与健康成长奠定坚实的基础。

三、激励理论

在管理学的研究领域中，激励问题历来占据着核心位置，成为学术界持续探讨与关注的热点话题。不同的管理学派，基于对个体行为本质的多元理解与独特假设，纷纷构建了各具特色的激励机制体系。这一显著的差异性，不仅深刻反映了行为管理学派、科学管理学派以及其他管理学流派在理论构建上的基本分歧，也为我们深入理解人类行为与管理实践之间的复杂关联提供了丰富的视角与洞见。

行为管理学派倾向于从个体心理与行为动机的角度出发，探索如何通过激励手段来激发员工的内在动力，提高其工作满意度与绩效水平。而科学管理学派则更加注重对工作效率与组织效能的量化分析，强调通过科学的激励机制设计来优化资源配置，实现组织目标的最大化。这两大流派以及其他管理学派在激励机制构建上的不同侧重点，为我们提供了多维度、多层次的理论框架与实践指导，有助于我们更加全面地把握管理实践的复杂性与多样性。

在学术探讨的语境中，“激励”这一概念在管理学与经济学两大领域内的诠释展现出了显著的差异性。管理学倾向于深入探究人的内在动机，以此为出发点，对激励的本质及其在实践中的应用策略进行详尽的剖析。相较之下，经济学则更加聚焦于外部手段的运用，特别是奖励与惩罚机制的设置，旨在通过这些外部因素来引导个体采取符合预期的行为模式。

值得注意的是，显然管理学与经济学在激励问题的研究上已各自形成了独特的理论体系，但长期以来，这两大学科的理论研究却一直未能实现充分的融合与交叉。这一现象导致了学科界限的明显划分，使得管理学对经济学的激励理论缺乏足够的借鉴与融合；反之亦然。这种理论上的隔离不仅限制了我们对激励问题全面而深入的理解，也阻碍了跨学科合作与创新的可能性。因此，未来的研究应致力于打破这一界限，探索管理学与经济学在激励问题上的共同语言与交会点，以促进两大学科的深度融合与协同发展。

高校学生管理者可以合理地融合管理学与经济学的激励理念，精心构建一种内外兼顾、相辅相成的激励机制。在充分尊重学生内在动机与兴趣爱好的基础上，管理者应巧妙地运用外部奖励与约束措施，以激发学生的参与热情与积极性。通过这种方式，学生不仅能够被引导至学习与社会实践活动的广阔舞台，更能在这一过程中实现个人成长价值的最大化，同时促进集体目标的顺利达成。

管理者在构建这一激励机制时，需深入洞察学生的内在需求与动机，理解他们追求成长与进步的渴望。在此基础上，通过设立奖学金、荣誉称号等外部奖励以及制定明确的行为规范与考核标准，形成有效的激励与约束体系。这一体系旨在激发学生的内在潜能，同时规范他们的行为表现，使他们在追求个人成长的同时，也能够为集体的繁荣与进步贡献自己的力量。这一内外结合的激励机制，能够更好地促进学生的全面发展，实现个人价值与集体目标的和谐统一。

四、学生发展理论

在高等教育研究领域，学生发展理论无疑是一个内涵深远且多元的重要理论。该理论框架下的核心理念可以细致地划分为四大类别：首先是聚焦于社会心理与人格成长的理论，它深入探讨了学生在社会环境中心理与人格的逐步成熟过程；其次是认知结构理论，它着重分析了学生认知能力的构建与发展，以及这一过程中知识结构的形成与演变；再次是人与环境互动论，该理论强调了学生在与周围环境的不断互动中，如何实现自我认知的深化与成长路径的塑造；最后是整合型理论，它综合了前三大理论的核心观点，提供了一个更为全面且系统的视角，以理解学生成长与发展的整体图景。这四大理论类别相互交织、互为补充，共同为我们勾勒出了一个关于学生成长过程的全面且深入的认知框架。

（一）马克思主义关于人的全面发展理论的基本内涵

马克思主义关于人的全面发展理论，是马克思主义理论体系中的重要组成部分。这一理论的核心在于强调人的发展的全面性、自由性和和谐性。具体来说，人的全面发展包括以下几个方面的内涵。

1. 劳动能力的全面发展

这是人的全面发展最基本的意义。马克思主义认为，人的全面成长首要体现在劳动能力的全面提升上，即人的智力和体力的充分、统一的发展。这要求人能够适应不同的劳动需求，具备多种劳动技能。

2. 个性和才能的充分发展

马克思主义分析了在旧式分工和异化劳动中，劳动者智力和体力相分离的片面发展。全面发展的人将是智力和体力劳动相结合，在智力和体力上获得协调发展的人。同时，人的全面发展还包括人的先天和后天的各种才能、志趣、道德和审美能力的充分发展，即人的个性的自由发展。

3. 社会关系的全面丰富

人们在共享物质与精神活动时所形成的相互联系，即为社会关系。人的全面发展还包括人的社会关系的全面丰富，在丰富多样的社会关系及全方位交往中，人获得更加全面的发展。

4. 自由个性的实现

马克思主义认为，每个人个性的充分展现和自由发展，是实现人的全面发展的最终目的。这要求消除旧式分工和异化劳动对个性的压抑，使人的自然潜力得以充分发挥，身心和谐发展，精神道德观念和自我意识全面发展、个性自由发挥。

（二）对高校学生管理的理论支撑

1. 以学生为主体的管理理念

马克思主义关于人的全面发展理论强调人的主体性和个性差异。这一思想为高校学生管理提供了重要的指导，即应树立以学生为主体的管理理念①。这意味着在管理过程中要尊重学生的个性差异，关注每个学生的特点和需求，提供有针对性的管理和服务。例如，在教育过程中，可以设计多样化的教学活动，让在不同领域有所擅长的学生都有机会展示自己的才华；在学生事务管理中，提供个性化的咨询和指导，帮助学生解决学习和生活中的问题。

2. 促进学生全面发展的管理目标

马克思主义关于人的全面发展理论指出，人的全面发展包括劳动能力的全面发展、个性和才能的充分发展、社会关系的全面丰富以及自由个性的实现。这一理论为高校学生管理设定了明确的目标，即促进学生的全面发展。为了实现这一目标，高校需要在课程设置、教学方法、学生活动、社会实践等方面进行全面改革和创新。例如，可以开设跨学科课程，培养学生的综合能力和创新精神；通过丰富多彩的校园文化生活和社会实践活动，拓宽学生的视野和增强实践能力②；加强心理健康教育和道德教育，帮助学生塑造健全的人格和高尚的道德情操。

3. 注重实践锻炼的管理方法

马克思主义强调“实践是检验真理的唯一标准”，这一思想为高校学生管理提供了方法论指导，即应注重实践锻炼的管理方法。高校应该鼓励学生积极参与各种实践活动，通过实践来提升自己的能力和素质。例如，可以组织学生参与志愿服务、社会调查、实习实训等活动，让他们在实践中学习、成长和进步。此外，高校需强化与社会的联系与协作，为学生带来更丰富的实践机遇和资源。

4. 构建和谐校园的管理环境

马克思主义关于人的全面发展理论还强调人的社会关系的全面丰富③。这一思想为高校学生管理提供了构建和谐校园环境的重要思路。高校应该努力营造一个积极向上、和谐融洽的校园氛围，让学生在这个环境中感受到归属感和幸福感。例如，可以加强师生之间的沟通和交流，建立良好的师生关系；组织各种形式的团队合作和集体活动，提升学生的团队合作技巧和对集体荣誉的感知；营造浓厚的学术氛围和人文精神。

5. 强化激励机制的管理手段

马克思主义关于人的全面发展理论也强调对人的潜能和创造力的激发。这一思想为高校学生管理提供了强化激励机制的管理手段。高校应通过设定合理的目标和奖励机制，激

---

① 李凡．人的全面发展理论与思想政治教育创新融合研究：《马克思主义人的全面发展理论与大学生思想政治教育创新研究》评介［J］．山东社会科学，2020（5）：193.

② 徐治国，钟以彬．多元文化视野下大学生道德养成的文化引导范式浅析［J］．中华文化论坛，2013（8）：172-175.

③ 宋伟．马克思主义人的全面发展理论视域下的大学生思想政治教育［J］．教育与职业，2014，（35）：63-64.

发学生的积极性和动力。例如，可以设立各种奖学金、荣誉称号等激励措施，表彰和奖励在学习、科研、社会实践等方面表现突出的学生；可以建立学生评价体系和反馈机制，及时了解学生的需求和意见，不断改进和优化管理工作，激发学生的潜能和创造力①。

马克思主义关于人的全面发展理论为高校学生管理提供了重要的理论支撑。这一理论不仅揭示了人发展的内在规律，也为高校如何有效地进行学生管理，促进学生全面发展提供了重要的指导。

第二节　高校学生管理的特征

高校学生管理是一项多维度且极具综合性的工作任务，它广泛涵盖了思想政治教育、生活事务管理、课外实践活动以及就业创业指导等多个层面，其深远影响间接地体现在对学生潜能的持久激发与塑造上。这一工作具有显著的导向作用、主体性特征及开放包容性，要求管理者不仅要积极引导学生树立正确的价值观念，还要充分尊重并发挥学生的主体性，同时紧跟时代发展的步伐，不断更新管理理念与方法。

在专业性和个性化管理方面，高校学生管理者需采取灵活多变的管理策略，以满足学生日益多元化的需求，制订并实施个性化的管理方案。此外，学生管理工作与教育教学工作紧密相连，共同构成了高校人才培养的完整体系，这一体系强调全程性与全员性的参与，旨在促进学生的全面发展。

在新时代背景下，高校学生管理工作面临着前所未有的挑战与机遇。为了应对挑战，管理者必须将理论知识付诸实践，通过实践来检验并不断优化现有的管理模式。在这一过程中，管理者需要保持敏锐的洞察力，及时发现并解决管理中存在的问题，同时积极探索创新管理方法，以适应新时代学生发展的新需求。通过持续的实践与探索，高校学生管理工作能够不断提升其科学性与有效性，为培养具有创新精神和实践能力的高素质人才提供有力保障。

一、繁杂性

高校学生管理工作的繁杂性，充分体现在其广泛覆盖的领域与多样化的任务要求之中。这项工作绝非单一维度的学生管理所能涵盖，而是一个多维度、多层次交织而成的综合性系统工程。它不仅关乎学生的日常行为管理，还深入触及思想政治教育、心理健康辅导、学业规划指导以及社会实践活动的组织等多个方面。这些方面相互关联、相互影响，共同构成了一个复杂而精细的管理网络。

① 朱肖霖，靳汝雪，黄静．大数据时代下高校学生管理的信息化建设［J］．国际公关，2024（6）：170-172.

在管理网络中，高校学生管理工作者需要扮演多重角色，既是学生的引导者，又是服务的提供者，更是问题的解决者。他们不仅要关注学生的学业进展与行为规范，还要深入洞察学生的心理状态与成长需求，为学生提供个性化的支持与帮助。同时，他们还要积极协调各方资源，为学生搭建起一个丰富多彩的成长平台，促进学生在知识、能力与素养上的全面发展。

因此，高校学生管理工作不仅是一项具有挑战性的任务，更是一个需要不断创新与优化的综合性系统工程。管理者需要不断提升自身的专业素养与管理能力，以适应日益复杂多变的学生管理需求，为学生的成长与发展创造更加有利的环境。

二、劳动成果的间接性

高校学生管理工作的成效展现，具有独特的间接性特征，这一特点使其与其他能够直接产出物质成果或显著经济效益的工作形成了鲜明对比。学生管理工作的劳动果实，并非如同某些行业那样能够迅速显现为具象化的产品或经济收益，而是以一种更为隐性的方式，在学生的成长历程与发展轨迹中悄然绽放。

具体而言，学生管理工作的成效并非一蹴而就，也非显而易见，而是需要经历时间的积淀与岁月的洗礼，方能逐渐显现其深远的意义与价值。在这一过程中，管理者通过精心策划与细致实施，为学生提供了全方位、多层次的支持与服务，这些努力虽然不直接产生物质性的回报，却在潜移默化中塑造了学生的品格、锤炼了他们的能力，并为他们的未来发展奠定了坚实的基础。

因此，高校学生管理工作的劳动成果，虽不具备即时性与直观性，但其深远的意义与不可估量的价值，却值得我们给予高度的关注与充分的肯定。在未来的工作中，我们应继续深化对学生管理工作的认知与理解，不断提升其专业性与科学性，更好地服务于学生的成长与发展。

三、导向引领性、学生主体性和开放包容性

高校学生管理工作展现出了鲜明的导向引领性、学生主体性以及开放包容性特征，这些特点共同构成了其独特的管理风貌。

具体而言，导向引领性体现在高校学生管理工作始终坚持以正确的价值导向为引领，积极引导学生树立正确的世界观、人生观和价值观，为学生的全面发展指明了方向。在这一过程中，管理者通过制定科学合理的管理制度与规范，为学生提供了明确的行为准则和成长路径。

学生主体性则强调在高校学生管理工作中，学生始终处于主体地位，管理者应充分尊

重学生的个体差异与需求，积极激发学生的主动性与创造性，为学生提供多样化的成长平台与机会。这一特点要求管理者在工作中要注重倾听学生的声音，关注学生的成长需求，以实现学生自我管理与自我发展的目标。

开放包容性则体现在高校学生管理工作具有开放的心态与包容的胸怀，能积极吸纳国内外先进的管理理念与方法，不断推动管理工作的创新与发展。同时，管理者还注重与校内外各方建立紧密的合作关系，共同为学生的成长与发展营造良好的外部环境。

综上所述，高校学生管理工作的导向引领性、学生主体性以及开放包容性特点，共同构成了其独特的管理优势，也是其价值之所在。

四、专业性与个性化

高校学生管理体系是一个高度综合性的架构，它巧妙地将管理、服务及教育功能融为一体，深刻且全面地揭示了教学活动、管理实践以及学生个体发展之间的复杂而深刻的内在联系。这一体系不仅彰显了其在维护校园和谐秩序与促进学生全面发展方面不可或缺的专业性角色，还进一步凸显了其作为推动高等教育质量提高关键因素的重要作用。

在具体的管理实践中，高校学生管理的专业性得到了充分的体现。管理者需紧密关注时代变迁所带来的挑战与机遇，以及学生群体日益多元化的特征与需求，灵活调整并优化管理策略，从理论与实践两个层面不断深化学生管理的内涵与外延。在这一过程中，管理者不仅需具备扎实的理论基础，还需具备敏锐的实践洞察力，以实现对管理策略的精准把控与有效实施。

为了顺应新时代背景下学生群体的多元化需求与环境变化，管理者需不断革新管理理念，勇于探索并实践新的管理方法。他们应积极吸纳并融合国内外科学管理的先进理念与方法，通过持续的学习与实践，不断提升自身的专业素养与管理能力。同时，管理者还需注重培养学生的自我管理能力与创新能力，以全面增强学生管理的效能与影响力，为学生的全面发展与高等教育的质量提高贡献更大的力量①。

管理者在履行职责时，需全面且深入地认知每位学生的独特个性，这要求他们不仅要进行细致入微的观察，还要开展深入心灵的交流，以期精准捕捉学生的兴趣所在、学习偏好以及心理状态。在此基础上，管理者应精心设计个性化的管理策略与指导规划，旨在为每位学生提供贴合其需求的定制化支持与服务。无论是面对学业上的重重挑战，还是生活中的种种困扰，管理者都应迅速响应，伸出援手，确保每位学生都能在校园中找到最适合自己成长的轨迹，实现个性化与全面性的发展。

---

① 胡爱祥，钱平，盛晟．高校学生管理协同治理的困境与学生管理高质量发展新路径［J］．江苏高教，2022（12）：64-68.

具体而言，管理者需秉持因材施教的原则，针对不同学生的特点与需求，灵活调整管理策略，提供差异化的指导与帮助。在学习方面，管理者应鼓励学生探索符合自身兴趣与优势的学习路径，提供必要的资源与指导，助力其克服学业难题，增强学习效果。在生活方面，管理者则需密切关注学生的心理状态与生活状况，及时给予心理疏导与生活援助，确保学生身心健康，能够积极面对校园生活的挑战。

通过这一系列个性化的管理与指导措施，管理者不仅能够有效促进学生的全面发展，还能帮助学生在校园中建立起自信与归属感，为其未来的成长奠定坚实的基础。

五、全程性与全员性

高校学生管理工作与高校各项核心职能深度融合，与教育教学活动、科学研究项目以及校园文化建设等多个维度紧密交织，共同描绘出一幅高校全面育人的宏伟蓝图。学生管理工作不仅是实现高等教育培养目标不可或缺的坚实基石，更是贯穿学生培养生命周期的关键要素，对于推动高等教育质量的整体跃升以及促进学生综合素质的全面发展，扮演着至关重要的角色。

高校学生管理工作在高校的日常运作中发挥着桥梁与纽带的作用，它连接着知识的传授、科研的探索以及文化的熏陶，确保学生在这一综合环境中得到全方位的滋养与成长。通过科学的管理策略与细致入微的服务，高校学生管理工作不仅为学生提供了一个有序、和谐的学习生活环境，还激发了他们的学习热情与创新能力，为他们的个性化发展铺平了道路。

高校学生管理工作还致力于构建一个开放、包容的校园文化氛围，鼓励学生积极参与各类学术活动与社会实践，培养他们的团队协作能力与社会责任感。这一举措不仅丰富了学生的校园生活，还为他们将来步入社会、成为有用之才打下了坚实的基础。

高校学生管理工作在高等教育的宏大体系中占据着举足轻重的地位，它不仅是实现育人目标的重要保障，更是推动高等教育质量提高与学生全面发展的关键力量。

从高等教育人才培养的宏观视野出发，学生管理工作与教育教学活动相辅相成，共同构成高校人才培养体系的坚固支撑。教育教学活动侧重于知识体系的传授与综合能力的培养，旨在为学生打下坚实的专业知识基础并提升解决实际问题的能力。而学生管理工作，则以其独特的价值作用，通过实施行为规范、塑造正确价值观以及提供全面的心理支持，为学生的全面、健康发展铺设了稳固的基石。

高校学生管理工作不仅关注学生的学业进步，更重视对其道德品质、行为规范以及心理健康等方面的培养塑造。通过制定并执行一系列科学、合理的规章制度，高校学生管理工作可引导学生树立正确的世界观、人生观与价值观，促使他们在学习生活中展现出良好的品行与风貌。同时，学生管理者还通过心理咨询服务、生涯规划指导等多元化手段，为学生提供个性化的支持与帮助，助力他们克服成长过程中的种种挑战，实现自我价值的最大化。

学生管理与教育教学活动在高校人才培养体系中各司其职、相得益彰，共同为学生的全面发展提供了强有力的保障。两者之间的紧密协作，不仅提高了高校人才培养的质量与效率，更为社会输送了大量专业素养精、综合素质高的优秀人才。

高校学生管理工作远非简单的约束与管控所能概括，它实则是一个将教育理念深度融入管理与服务流程，使管理活动本身成为教育过程有机延伸的复杂过程。在这一过程中，高校学生管理必须与教育教学活动紧密衔接，确保教育目标的高度一致，让学生在接受规范化管理的同时，能深刻体会到教育所带来的温暖关怀与正向激励，从而达成管理与教育两者间的和谐共存与相互促进。

高校学生管理者需深刻理解教育的本质与内涵，将教育理念贯穿日常管理的各个环节之中。这要求管理者不仅要具备严谨的管理技能，还需拥有深厚的教育情怀，能够以学生为中心，关注其全面发展。在管理实践中，管理者应灵活运用各种管理手段与方法，既确保校园秩序的井然有序，又注重激发学生的内在潜能与积极性，引导他们树立正确的人生观与价值观。

为了实现管理与教育的深度融合，高校学生管理者还需与教育教学部门保持密切沟通与合作，共同制定并实施符合学生特点与发展需求的教育管理方案。在这一过程中，管理者需充分尊重学生的个性差异与多元需求，为他们提供个性化的支持与指导，确保每位学生都能在管理与教育的双重滋养下茁壮成长。

高校学生管理工作需将教育理念深度融入管理与服务之中，与教育教学活动紧密协作，共同促进学生的全面发展与健康成长。这一过程不仅体现了管理的智慧与艺术，更彰显了教育的温度与力量。

六、实践性

当前时代，社会环境与学生群体都正经历着前所未有的快速变化与复杂演进，这一现实背景对学生管理工作来说，既是更为严峻的挑战又是更为迫切的需求。因此，推动学生管理模式的创新与变革，以适应新的时代特征与学生多元化需求，已成为高校管理者面临的重大课题。然而，这一变革不能仅仅停留于理论层面的空泛讨论与美好构想，而是必须将其转化为切实有效的实际行动，将创新的管理模式全面融入日常管理的各个环节之中，通过实践的深度检验来验证其可行性与实效性。

学生管理模式的变革需紧密围绕学生群体的实际需求与成长特点，注重理论与实践的有机结合。管理者需深入学生群体，充分了解他们的思想动态、学习状况与生活需求，以此为基础，设计出既符合教育规律又贴近学生实际的管理模式。同时，这一变革还需注重管理的精细化与个性化，针对不同学生的特点与需求，提供差异化的管理与服务，以便更好地促进每位学生的全面发展。

在实施过程中，管理者需勇于尝试新的管理方法与技术手段，如利用大数据、人工智能等现代信息技术，提高管理的精准度与效率。同时，还需建立科学的管理评价体系，对新的管理模式进行定期评估与反馈，及时发现问题并进行调整优化，以确保其能够持续适应学生需求的变化与时代的发展。

学生管理模式的变革不仅是对传统管理模式的挑战与超越，更是对学生管理工作创新与发展的积极探索与实践。通过将理论构想转化为实际行动，将新的管理模式全面融入日常管理之中，我们有望在新时代背景下，构建出更加科学、高效、人性化的学生管理体系。

实践精神是学生管理工作的核心精髓与不竭动力。唯有将创新的管理模式深深根植于实践的广阔天地，并不断从中汲取养分、历经风雨、茁壮成长，方能确保学生管理工作持续焕发出蓬勃的生命活力与卓越的适应能力。

实践不仅是检验管理模式是否有效的唯一标准，更是推动学生管理工作不断向前发展的强大引擎。通过将新的管理模式应用于日常管理的各个环节，管理者能够在实践中发现问题、解决问题，不断积累经验、优化策略，从而推动学生管理工作的持续改进与提升。

实践还是培养学生综合素质与创新能力的重要途径。通过参与各种实践活动，学生能够在实践中锻炼自己的组织协调能力、团队合作精神以及解决问题的能力，进而提升自己的综合素质与创新能力。同时，实践还能帮助学生更好地理解理论知识，将所学知识转化为实际技能，为未来的职业发展打下坚实的基础。

在学生管理工作中，我们应始终秉持实践导向的理念，注重理论与实践的有机结合，不断推动管理模式的创新与实践的深化。只有这样，我们才能确保学生管理工作始终紧跟时代发展的步伐，始终保持旺盛的生命力与强大的适应力，为学生的全面发展与社会的和谐进步贡献更大的力量。

第三节　高校学生管理的基本原则

一、坚持理论与实际相结合

管理原则的有效执行及其适用范畴，深受学校特质、管理客体特性以及管理者能力层次等多重维度的制约。在加速推进社会主义现代化教育事业的征途中，国家层面已明确了一系列根本性的教育指导原则与政策导向，并依据教育发展的各个阶段特点，细化出台了一系列具体的方针、策略与实施细则。这些方针、策略及要求，应当被深度融合并体现在各高校的学生管理战略规划与实践操作中。

科学的学生管理体系必须紧密贴合本地区、本校、本专业以及特定年级学生的实际情况，全方位考量学生的综合素养、兴趣偏好、个人志趣，以及青年学生群体的生理特点与心理发展规律。在此基础上，制定具有高度针对性与实效性的管理策略与方法，以精准回应学生群体的多元化需求与个性化发展。

学生管理策略的构建与实施，需充分展现其灵活性与创新性，既要遵循国家层面的宏观指导，又要紧密结合学校的具体情况与学生的实际需求。通过深入调研、细致分析，准确把握学生的成长规律与心理特征，制定出既符合教育规律又贴近学生实际的管理措施。

学生管理工作的科学性与有效性，不仅依赖对国家教育方针政策的深刻理解与贯彻执行，更需紧密结合学校特质、学生特点与管理者能力水平等多方面的实际因素，进行精准施策与精细管理，以推动学生管理工作的持续优化与升级。

二、坚持以学生为主体

在高校学生管理中，秉持以学生为主体的核心理念是其根本。要始终将学生的全面发展置于管理工作的核心位置，强调以学生为主体，致力于促进学生的全方位进步。管理者需深入探究每位学生的独特个性、兴趣所在、学习需求及生活境遇，以此作为制定个性化管理策略的坚实基础。

要致力于提供丰富多元的教育资源与全方位的支持服务，激发学生的内在潜能，培养其自我驱动、自我成长的能力。通过精心设计的活动与课程，鼓励学生积极探索、勇于实践，从而在实践中不断锤炼自我、提升自我。

以学生为主体不仅体现了对学生个体差异的尊重与理解，更致力于构建一个和谐、包容、充满活力的校园文化氛围。在这样的环境中，学生能够充分感受到来自学校的关怀与支持，进而更加积极地投入学习与生活中，实现自我价值的最大化。

以学生为主体的高校学生管理理念，不仅关注学生的全面发展，更致力于通过提供个性化的管理方案与支持服务，激发学生的潜能，培养其自我成长的能力。这一理念的实施，将有力推动校园文化氛围的和谐构建，为学生的全面成长与成才奠定坚实的基础。

三、坚持灵活创新

灵活创新原则对高校学生管理者提出了更为严格的要求。面对日新月异的社会变迁与日趋多样化的学生需求，传统的管理模式已难以全面满足当代大学生的多元化诉求。需要管理者紧密围绕学生管理的现实情境，敏锐捕捉时代发展的脉搏，不断推陈出新，优化管理策略与方法。

高校学生管理者需具备敏锐的洞察力与前瞻性的思维，能够准确识别学生群体中出现的新情况、新问题，并据此调整管理策略，确保管理工作的有效性与针对性。同时，管理者还需具备强烈的创新意识与实践能力，勇于尝试新的管理手段与技术，以应对学生需求的快速变化。

在快速变化的社会背景下，大学生的需求日益呈现出多元化、个性化的特点。他们不仅关注学业成绩的提升，而且更加注重个人兴趣的培养、社交能力的提升以及心理健康的维护。因此，高校学生管理者需深入了解学生的实际需求，制订个性化的管理方案，以满足学生的差异化需求。

灵活应变与创新驱动原则在高校学生管理中具有举足轻重的地位。管理者需紧跟时代发展的步伐，不断创新管理策略与方法，以应对快速变化的社会背景与多样化的学生需求，为学生的全面发展提供有力保障。

四、坚持教育引导

坚持教育引导原则，借助丰富多元的教育实践活动，引领大学生树立正确的世界观、人生观及价值观体系，同时着力塑造他们高尚的品德与良好的行为习惯。此原则深刻聚焦于学生的内在素养与全面成长，不仅对学生的学业成就给予充分关注，更将重心置于培养其道德品质与社会责任感之上。

为实现这一目标，要积极组织并开展形式多样的校园文化活动、社会实践锻炼以及志愿服务项目。这些活动旨在为学生提供丰富的实践平台与体验机会，使他们在亲身参与中深化认知、获得感悟。在这一过程中，学生不仅能够通过实践深化对理论知识的理解，更能在体验中逐渐内化优秀的行为准则，培育出强烈的社会责任感。

通过这些实践活动，鼓励学生走出校园、融入社会，与真实世界进行深度互动。这样的互动不仅能够拓宽学生的视野，更能激发他们对社会问题的关注与思考，从而促使他们在实践中不断锤炼自我、提升自我，最终成长为具备高尚品德、强烈社会责任感及优秀行为能力的时代新人。

五、坚持依法管理

依法管理原则是学生管理工作的坚实基石。该原则强调，管理者在执行职责时，必须严格遵循国家法律法规以及学校规章制度，确保每一项管理举措均在法律与规章的框架内得以实施。这一原则不仅为管理行为设定了明确的规范，极大地提升了管理的合法性、正当性与权威性，而且为有效维护学生的合法权益提供了坚实的制度保障。

此外，依法管理原则的实施，对于维护校园秩序、促进校园稳定具有不可忽视的作用。它有助于构建一个安全、有序、和谐的校园环境，为学生提供一个安心学习、健康成长的平台。在这样的环境中，学生能够更加专注于学业，积极参与各类学术与文化活动，从而实现个人素质的全面提升。

依法管理原则还鼓励学生积极参与校园管理，通过合法途径表达自身诉求与意见，进一步增强了管理的民主性与透明度。这种双向互动的管理模式，不仅有助于培养学生的法治意识与公民责任感，还能够促进管理者与学生之间的沟通与理解，共同推动校园治理水平的不断提高。

综上所述，依法管理原则在学生管理工作中发挥着至关重要的作用。它规范了管理行为，保障了学生权益，维护了校园秩序，为学生的学习与生活创造了一个安全、和谐、有序的环境。

六、坚持协同合作

在高校学生管理中，协同合作原则占据着举足轻重的地位，发挥着至关重要的作用。该原则着重强调，学校内部的各个部门、广大教师、在校学生以及学生家长之间，应当构建起一套紧密无间、高效流畅的沟通与协作体系，携手并进，共同为学生的成长与管理贡献出各自的力量。

在这一核心原则的引领下，学校内部的各个部门需要摒弃传统的壁垒观念，打破思想樊篱，实现信息的无缝对接与资源的全面整合，进而形成一种高效协同、互补互助的工作新局面。广大教师应当主动投身到学生管理的各项工作中去，充分发挥自身在学生成长道路上的引领与指导作用，与学生建立起一种基于尊重与理解的良好师生关系，为学生的全面发展提供有力的支持。

群策力充分激发学生的主观能动性，鼓励他们积极参与各类管理活动，真正成为管理的主体与核心，通过实践锻炼不断提升自身的自我管理能力。此外，学生家长作为学生成长道路上不可或缺的重要支持力量，也应当被纳入学校的管理体系中来，与学校建立起一种紧密的家校合作关系，共同为学生的健康成长营造出一个和谐、积极、向上的良好氛围。

协同合作原则在高校学生管理中的重要性不言而喻。它要求学校内部的各个部门、广大教师、在校学生以及学生家长之间建立起一套紧密协作的体系，共同为学生的成长与管理贡献力量，推动高校学生管理工作不断迈上新的台阶。

第四节　高校学生管理的方法

高校学生管理策略的构建，一方面深受管理理论的启迪与引领，另一方面其独特的实践探索又反过来为管理理论的深化与创新提供了丰富的素材与动力。鉴于大学生群体的活动形式与内容总是处于不断地发展变化之中，且现实的管理环境亦非一成不变，因此，在管理实践中，我们无法简单地将某种固定的管理模式生搬硬套。

在此背景下，高校学生管理策略的灵活性与适应性显得尤为重要。管理者需具备敏锐的洞察力与应变能力，能够针对具体的管理情境与问题，进行深入的剖析与研判，从而制定既符合管理理论要求，又贴合实际管理需求的有效策略。执着于刻板的教条或固定的模式，往往难以应对复杂多变的管理挑战，甚至可能导致管理实践的失败。

因此，在高校学生管理的过程中，我们强调管理者应秉持开放、包容、创新的管理理念，勇于尝试新的管理手段与方法，同时，也要注重在实践中不断总结经验、反思教训，以推动管理理论的持续发展与完善。只有这样，我们才能更好地适应大学生群体的多样化需求，为他们的全面成长与发展提供有力的支持与保障。

一、人本管理

以人为本的管理理念，作为一种聚焦于人的全面进步与成长的核心思想，正日益成为高校学生管理领域的主导趋势。该理念深刻强调，在管理实践中应充分凸显学生的主体地位，高度重视并深入关注学生的个性化需求、情感状态与发展潜能。其目的在于，通过实施一系列人性化的管理措施，为学生营造一个温馨、包容、积极向上的成长环境，有力地促进学生的全面发展与成长。

以人为本的管理理念要求管理者在管理过程中，不仅要关注学生的学业成绩与知识技能的掌握，更要关注学生的心理健康、情感需求以及个人兴趣的培养。通过构建一种平等、尊重、开放的师生关系，管理者能够深入了解学生的内心世界，及时发现并解决学生在成长过程中遇到的问题与困惑。同时，通过提供多样化的教育资源与支持服务，管理者能够激发学生的内在潜能，帮助学生建立起积极向上的学习态度与价值观念，从而为学生的全面成长奠定坚实的基础。

以人为本的管理理念在高校学生管理中的贯彻与落实，不仅体现了对学生主体地位的尊重与关怀，更为学生的全面发展与成长成才提供了有力的支持与保障。这一理念的落实，将有助于构建一个更加和谐、包容、富有活力的校园文化氛围，为学生的健康成长与全面发展注入新的活力与动力。

尊重并珍视学生个体的独特性，致力于推动学生的多元化成长与发展，是当前高校学生管理的重要导向。每位学生均承载着独一无二的特质，包括鲜明的性格特征、广泛的兴趣爱好、各异的能力水平以及多样化的需求。因此，高校在管理实践中，应深入贯彻人本理念，对每位学生的个性差异给予充分的尊重与理解，并积极探索与实施多元化的成长路径与发展策略。

为此，高校需精心设计与提供丰富多彩的教育资源与成长平台。例如，通过开设类型多样的选修课程、组建兴趣盎然的小组活动以及举办丰富多彩的社团活动，高校能够精准对接学生多样化的学习需求，有效激发学生的求知热情，深入挖掘并培育学生的内在潜能。

高校还应积极倡导学生根据个人兴趣与优势自主选择成长路径，鼓励他们勇于探索未知领域，敢于挑战自我极限。在这一过程中，学生不仅能够培养起勇于创新、敢于实践的精神品质，还能够不断提升自身的实际操作技能与综合素质，实现个性化的成长与发展。

尊重并珍视学生个性的独特性，致力于推动学生的多元化成长与发展，是高校学生管理的重要使命。通过提供多元化的教育资源与成长平台，以及鼓励学生进行自主选择与探索，高校能够为学生的个性化成长与发展奠定坚实的基础，培养出更多具有创新精神与实践能力的优秀人才。

情感关怀是人本管理理念中不可或缺的核心组成部分。在这一理念的指导下，管理者需将关注的目光投向学生的情感世界，悉心体察并关怀学生的日常生活与心理状态，确保在学生需要时能够及时伸出援手，给予他们必要的关爱与支持。

具体而言，辅导员与班主任等教育工作者应扮演好情感沟通者的角色，通过定期开展深入细致的谈心交流活动，细致入微地了解每位学生的心理状态与情绪波动，准确把握学生的内在需求与潜在困扰。积极主动地为学生提供帮助与指导，协助学生妥善解决学业及日常生活中遇到的各种难题与挑战，确保学生能够以更加饱满的热情与坚定的信心投入学习与生活中去。

此外，构建和谐的师生关系同样是高校学生管理工作中不可或缺的一环。教育工作者应努力营造一种温馨、包容、尊重的师生氛围，让学生深切地感受到来自教师的关爱与尊重。这种和谐的师生关系不仅能够增强学生的归属感与信任感，还能够为管理工作的顺利开展奠定坚实的情感基础，推动高校学生管理工作迈向更加高效、有序的发展轨道。

人本管理理念在高校学生管理领域的融入与实践，具有深远且重大的意义。这一理念不仅致力于推动学生的全方位发展与个性化成长，为其未来的成才之路奠定坚实的基础，而且能够有效地优化学生管理工作的运作流程，显著提高学生的管理质量与服务效率。

具体而言，人本管理强调在管理过程中充分尊重学生的主体地位，关注学生的个性化需求与情感状态，通过构建平等、尊重、包容的师生关系，为学生提供更加人性化、个性化的管理与服务。这种管理方式能够激发学生的内在潜能，促进其全面发展，包括知识技能的掌握、心理素质的提升、社交能力的增强以及创新能力的培养等方面。

同时，人本管理还能够有效地提高学生管理工作的质量和效率。通过引入学生参与管理、建立有效的沟通机制、优化管理流程等措施，人本管理能够打破传统管理模式中的壁垒与瓶颈，实现管理资源的优化配置与高效利用。这不仅有助于提升学生的满意度与归属感，还能够降低管理成本，提高管理效率，为学生管理工作的持续改进与创新提供有力的支持。

综上所述，人本管理理念在高校学生管理中的应用与实践，对于促进学生的全面发展与成长成才，以及提升学生管理工作的质量和效率，均具有不可估量的价值与意义。

二、目标管理

目标管理强调组织内部每个成员及部门均需紧密协作，共同致力于实现组织的整体目标。它要求个体与部门不仅需明确各自职责范围内的工作任务，还需主动设定具体、可衡量的目标，并据此制定行动方针与规章制度，确保能以最高效的方式达成既定目标。

在实施目标管理的过程中，个体与部门要以积极主动的态度，对目标进行细致规划与分解，明确每一步骤的具体任务与责任分配。同时，还需建立有效的监控与评估机制，通过定期的检查、绩效考核与目标达成状况评估，全面了解目标实现的进展与成效，以及存在的问题与不足。

这些评估结果不仅为当前目标的管理与调整提供了重要依据，还为后续目标的设定与优化提供了宝贵的参考。通过持续的反馈与改进，目标管理能够推动组织内部形成一种积极向上的工作氛围，激发个体与部门的潜能与创造力，促进组织整体目标与个人成长目标的协同实现。

综上所述，目标管理作为一种高效的管理方式，通过要求组织内部每个成员及部门全力配合、主动设定目标、制定行动方针与规章制度，并建立有效的监控与评估机制，不仅能够有效推动组织目标的实现，还能够为组织的持续改进与创新提供有力支持。

三、刚性管理

刚性管理核心在于依托一套完备的规章制度体系，通过详尽的规范设定、严格的纪律监察以及明确的奖惩机制来实现对组织成员的有效管理。这一管理风格显著地侧重于实施严格的管控措施，采用了一种自组织顶层向基层延伸的集中式权力架构，将规章制度的制定与执行视为管理工作的基石。

在刚性管理的框架内，规章制度通常以一系列详尽的规定、明确的条款、统一的标准、严格的纪律要求以及量化的考核指标等形式具体呈现。这些规章制度不仅为组织成员提供了清晰的行为准则与操作指南，还强调了一种外部的、强制性的监督与控制机制。它们具有鲜明的指导性特征，能够为成员指明行动的方向与边界；同时，也展现出强烈的控制性与约束性，确保成员的行为能够严格遵循组织的意志与要求。

刚性管理通过构建一套完备的规章制度体系，并采用严格的控制手段与集中式的权力架构，实现了对组织成员的有效管理与规范。这种管理范式不仅强调了外部的监督与控制机制，还通过规章制度的明确指导与约束作用，确保了组织目标的顺利实现与成员行为的规范统一。

在大学生活这一人生发展的关键阶段，学生往往处于易受外界环境左右的状态，容易滋生懈怠情绪，同时，在判断力与自我控制能力方面尚显稚嫩。在不断成熟的人生旅途中，他们内心时常涌现出鲜明的自我矛盾。尽管他们拥有强烈的自我意识，渴望展现自我，但在自我监督、自我约束及自我调控的能力构建上却显得力不从心。他们心怀自我规划、自我奋斗、自我抉择与自我超越的梦想，然而，这些愿景的实现却常常受制于个人的综合素质、实际能力以及所处的社会环境。

鉴于这一现实背景，刚性管理策略的采用显得尤为必要且富有成效。值得注意的是，刚性管理的初衷绝非单纯地对学生进行惩罚或制裁，而是在遵循“法理”精神的基础上，对学生的行为进行适度的规范与约束，以确保校园秩序的井然，进而提高教育教学的整体水平，提高学生学习及各类活动的效率，为学生的全面发展提供坚实的支撑。通过刚性管理，旨在引导学生逐步建立起自律意识，帮助他们更好地应对成长过程中的挑战，最终实现个人的全面成长与进步。

四、柔性管理

柔性管理作为对刚性管理的一种反思与补充，正逐渐成为管理领域的一种新兴趋势，并赢得了广泛的认可与采纳。这一理念的兴起，标志着管理实践正逐步向更加人性化、灵活化的方向发展。

柔性管理强调以个体为中心，注重人文关怀与心理层面的深入交流。致力于营造一个和谐融洽的团队氛围，并推动形成一套被所有成员共同认可的价值观体系。通过加强文化关怀，柔性管理旨在提升团队的凝聚力与向心力，使每个成员都能感受到来自团队的温暖与支持。

柔性管理还注重激发每个成员的内在动力、独立性与创新潜能。鼓励成员勇于表达自己的想法与见解，积极参与团队的决策过程，从而在实现个人价值的同时，也为团队的持续发展与进步贡献自己的力量。

柔性管理作为一种以人为核心的人性化管理方式，通过重视文化关怀与心理交流，来构建和谐的团队氛围与共享的价值观，不仅提升了团队的凝聚力与向心力，还激发了每个成员的内在动力与创新潜能，为团队的持续发展与进步奠定了坚实的基础。

柔性管理被视为刚性管理的一种深化与升华，其理论基础与实践模式均源自对刚性管理的批判性继承与发展。刚性管理往往侧重于建立一套静态的、外在的规章制度体系，以此作为管理活动的基石与准则。相对而言，柔性管理则聚焦于激发内在的、动态的认同与共识，以此作为推动管理效能提升的关键所在。

在柔性管理的框架下，管理活动不再仅仅依赖外在规则的强制约束，而是更多地依赖成员内心的认同与共鸣。这种认同与共鸣的形成，源于对共同价值观与目标愿景的深刻理解与认同，以及在此基础上建立起的深厚信任与紧密合作。

因此，柔性管理不仅继承了刚性管理在制度建设与规范执行方面的优势，更在此基础上实现了管理理念的升华与实践模式的创新。它强调通过动态的内在认同来激发成员的潜能与创造力，从而推动组织向更高的层次发展与进步。这种管理模式的转变，不仅有助于提升组织的整体效能，还能为成员的个人成长与职业发展提供更加广阔的空间与机遇。

在学生管理工作范畴内，柔性管理的核心理念在于将学生视为管理工作的主体与核心，着重强调对学生的人文关怀与个体尊重，倡导在充分尊重大学生个性特质与人格尊严的前提下，通过一系列科学有效的管理措施，最大限度地激发学生的内在潜能、积极态度与创造活力。

柔性管理注重从学生的实际需求与心理特征出发，设计并实施一系列具有针对性的管理策略，它鼓励学生积极表达个人见解与需求，同时也为他们提供充分的自主空间与决策参与机会，从而有效提升学生的归属感与责任感。柔性管理还致力于营造一个开放包容、鼓励创新的管理环境，以激发学生的创新精神与实践能力，为他们的全面发展与成长奠定坚实的基础。

柔性管理在学生管理领域的应用，不仅体现了对学生主体地位的充分尊重与人文关怀，还通过一系列科学有效的管理措施，有效激发了学生的内在潜能与创新活力，为学生的全面发展与成长提供了有力支持。

五、系统管理

系统管理强调将组织内部相互关联的流程视为一个综合性的系统，并对其进行全面的识别、深入的理解以及有效的管理，这一做法对于提高组织实现既定目标的效率具有显著作用。在大学生管理领域，系统管理的特征尤为突出，具体体现在以下几个维度：

首先是整体性特征。大学生管理系统由多个子系统构成，这些子系统各自承担不同的功能与职责。根据系统论的基本原理，当各个子系统均能够正常发挥其功能时，整个学生管理系统的整体效能将达到较为理想的水平。即便某些子系统的表现不尽如人意，只要它们能够作为一个协调一致、紧密合作的有机整体，通常也能够实现较为理想的管理效果，即所谓的“整体大于部分之和”的系统效应。

其次是关联性特征。在大学生管理系统中，各个要素之间既存在明显的区别，又相互依存、紧密联系，各自承担着不同的任务，扮演着不同的角色。这种关联性使得系统中的各个部分能够相互协调、相互配合，共同推动系统的整体发展。

再次是环境适应性特征。不同的管理模式往往是在特定的环境条件下形成的，大学生管理也不例外。它必须适应其所处的特定环境，包括社会环境、学校环境以及学生自身的特点等，以确保管理活动的有效性与针对性。

复次，动态平衡性也是大学生管理系统的一个重要特征。随着时间的推移以及宏观社会环境的变化，学生管理系统中的各个要素在时间、空间和资源上的配置需要不断调整与优化，以保持对环境的敏锐感知与灵活适应。这种动态平衡性有助于系统及时应对外部环境的变化，确保管理活动的持续有效。

最后是目的性特征。大学生管理系统是一个包含多个层次与目标的复合系统。既包含总体目标，也包含具体分目标，这些目标相互关联、相互支撑，共同构成了一个完整的目标体系。通过不断优化这一目标体系，可以确保资源的合理配置与高效利用，从而推动大学生管理工作的持续改进与发展。

第五节　高校学生管理信息技术应用概览

一、学生管理信息化平台

当前，各大高校正积极致力于信息化建设的深入推进，通过充分挖掘并整合各类资源，精心构建高校学生管理信息化平台，以期有效提高学生管理工作的效率，并进一步优化高校内部的人力资源配置格局。由于不同高校在人才培养的目标定位、专业领域的设置、学科结构的布局以及教学计划的安排等方面均可能呈现出显著的差异性，因此，在学生管理的实践过程中，各高校应深刻认识到彼此间存在的这种差异化特征，并以此为出发点，紧密结合自身的实际需求，对高校学生管理信息化平台的功能进行不断的完善与创新开发。

高校应充分考量自身在人才培养、专业设置、学科结构以及教学安排等方面的独特性，精准识别出在学生管理过程中可能面临的各种挑战与需求，进而有针对性地优化平台的各项功能，以确保其能够最大限度地服务于学生管理的各项工作。这不仅可以有效提高学生管理的效率与质量，还能够进一步推动高校人力资源配置的持续优化，为高校的长远发展奠定坚实的基础。

高校在推进信息化建设的过程中，应充分重视并有效发挥学生管理信息化平台的重要作用，紧密结合自身特点与需求，不断完善与创新平台功能，以期在提高学生管理效率与优化人力资源配置方面取得更加显著的成效。

高校学生管理信息化平台的功能设计需全面覆盖学生日常学习与生活的各个方面，确保能够满足学生在不同场景下的多样化需求。在这一平台，专业课程系统、教务管理系统以及学生事务管理系统构成了其最为核心的模块架构，它们共同承担着提供教学管理服务、支持线上课程选择与注册、实现成绩查询与反馈等一系列关键功能。除此之外，高校学生管理信息化平台还应注重构建一个高效的信息交流板块，该板块旨在为学生提供一个自由、开放的互动交流平台，使他们能够在此分享学习心得、交流生活体验，进而促进彼此之间的深入了解，增进同学间的友谊。同时，为了确保平台能够持续有效地服务于广大学生，必须确保反馈通道的畅通无阻，使学生能够及时将自身在使用平台过程中遇到的问题、建议或意见反馈给相关管理部门，以便平台能够不断得到优化与完善。

综上所述，高校学生管理信息化平台的功能设计应全面而深入，既要涵盖基本的教学管理与服务模块，又要注重信息交流板块与反馈通道的构建，以确保平台能够真正成为广大学生日常学习与生活的重要助手。

二、大数据技术

大数据技术在当代信息技术体系中占据着举足轻重的地位，作为顺应信息时代演进趋势的核心技术之一，其在高校学生管理领域的应用潜力巨大。高校可以借助大数据技术，对学生信息进行全方位采集、智能化分类、高效检索以及精确化服务，从而极大提高管理的精准度与效率。

通过广泛的数据收集与深入分析，高校能够构建出针对每个学生的个性化精准模型。这些模型能够全面揭示学生的心理特征、学习动态、社交行为以及兴趣爱好等多维度信息，为管理者日常工作提供科学依据，有力推动管理的精细化进程。在此基础上，管理者能够更为准确地掌握学生的实际需求与潜在问题，进而采取更加贴合实际的管理措施，促进学生的全面发展。

除了对学生行为数据的深度挖掘与实时监测，大数据平台还能对学生的学习数据进行全面剖析。这包括但不限于考勤记录、课堂参与度、作业完成情况以及考试成绩等关键信息。通过运用聚类分析等多种先进的数据算法，大数据平台能够直观展示学生的学习态度与能力水平，为优化教学设计提供强有力的数据支撑。

以某高校为例，该校在校园一卡通系统中成功引入了大数据技术。通过对学生在校园内的各项数据进行全面收集与分析，能够准确掌握学生的学习态度与行为特征，并据此将学生划分为不同类型。这种精准化的分类管理不仅提高了管理的效率与质量，还为教学工作的个性化开展提供了可能。通过对不同类型的学生实施差异化教学策略，有效提高了学生的管理水平与学习效果，为学生的全面发展创造了有利条件。

三、校园 App

随着移动智能设备的迅速普及和应用，越来越多的高校研发并推出专属的校园 App，为在校学生、教师以及管理者提供了更加便捷、高效的服务体验。

对于学生而言，校园 App 无疑是一个全能的学习助手。他们可以通过 App 轻松获取校园内的各类活动资讯，及时了解课程表、教师信息以及教室安排，给日常学习带来极大的便利。App 还允许学生跨学院、跨专业了解其他课程的安排情况，根据自己的兴趣和爱好选择部分课程进行旁听，从而拓宽知识视野，丰富大学生活。

除了学习方面的功能，校园 App 还提供诸多生活服务。学生可以通过 App 进行线上选课、饭卡充值、学费缴纳等操作，省去了排队等待的时间。同时，App 还设有互动交流板块，方便学生之间沟通联系，分享学习心得和生活经验。

对于教师和管理者而言，校园 App 也是一个得力的助手。通过 App 可以实时掌握学生的学习状态、生活行为以及在校表现，及时发现问题并进行干预。同时，App 还提供了数据分析和统计功能，能够帮助管理者更好地了解学生的学习情况和需求，为教学管理和决策提供有力支持①。总之，校园 App 已经成为现代高校不可或缺的一部分，为师生及管理者提供了全方位、全时段、便捷高效的服务体验。

四、微信公众号

官方微信公众号作为信息传递的关键媒介，它不仅承担着为学生提供高效便捷的管理服务职责，还肩负着发布各类重要信息的使命，这些信息涵盖了通知公告、学术讲座资讯、文艺演出安排以及志愿活动详情等多个方面。通过这一平台，学生能够随时随地获取学校的最新动态与活动信息，从而与学校发展保持同步。

官方微信公众号定期发布各类通知与公告，确保学生能够及时了解学校的政策变化、教学安排以及重要事件等信息。同时，它还积极推送学术讲座资讯，为学生提供丰富的学

---

① 涂国章．探索大数据在高校学生管理中的应用［J］．黑龙江教师发展学院学报，2023，42（4）：19-22.

术资源与学习机会。此外，文艺演出安排与志愿活动详情等信息也在公众号上得到详尽展示，使学生能够根据个人兴趣与需求，选择并报名参加相应的活动。

通过官方微信公众号这一便捷的信息获取渠道，学生能够及时掌握学校的最新动态，积极参与各类活动，丰富自己的校园生活。这一平台的运用，不仅提高了学校信息传播的效率，扩大了学校信息的覆盖面，还为学生提供了更加灵活多样的参与方式，进一步推动了校园文化的繁荣与发展。

微信公众号，凭借其广泛的普及率和用户友好的操作界面，相较于其他信息传播手段，展现出了独特的优势。在日常的微信社交互动中，学生能够轻松同步接收到来自学校的各类信息，这一特性极大地增强了信息传递的即时性与有效性。信息的即时传达不仅提高了学生的信息获取效率，也确保了信息的实用价值得到充分发挥。

更为重要的是，微信公众号不仅是一个单纯的信息发布平台，还整合了一系列实用的服务功能，如学生用品的在线购买、票务的预售服务等，构成了一个全方位、一站式的服务体系。这样的设计充分考虑到了学生校园生活的多元化需求，无论是学习资料的获取，还是日常用品的购买，甚至是参与各类活动的票务需求，都能在这个平台上得到满足。这种综合性的服务模式，不仅提升了学生校园生活的便利性，也进一步增强了微信公众号作为校园信息与服务窗口的重要地位。

五、“易班”平台

“易班”作为一个兼具全面功能与成熟体系的学生网络综合管理与服务平台，其结构设计展现出了高度的多元化特征，涵盖了学生个人主页、班级集体展示页以及学院官方主页等多个层面，从而能够全方位地满足各类用户的具体需求。一些高校在充分利用“易班”平台既有优势的基础上，进一步深入探索并研发了一系列具有针对性的学生管理与教育创新产品。这些富有前瞻性的创新实践，不仅极大地提升了学生管理工作的实际效能，而且显著强化了高校学生的主体意识与责任感，进一步激发了他们积极参与校园事务管理的浓厚的兴趣与高昂的热情。通过这些创新产品的有效运用，不仅进一步丰富了“易班”平台的功能体系，更为高校在新时代背景下探索学生管理新模式、促进学生全面发展提供了有力支撑。

六、人脸识别技术

人脸识别技术正逐步渗透并广泛应用于学生管理系统的构建与优化之中，这一先进技术的融入显著提高了系统管理的精确程度与规范化水平，进一步拓宽了管理系统的实际应用场景与边界。具体而言，人脸识别技术通过其独特的识别能力，为考勤管理、身份验证以及信息统计等关键管理工作提供了强有力的技术支持，从而确保了这些管理工作的精准实施与高效落实。这一技术的应用，不仅极大地增强了学生管理系统的实用性与灵活性，更为高校在新时代背景下探索学生管理新路径、提高管理水平与质量提供了有力的技术保障与支撑。

七、射频识别技术

射频识别（Radio Frequency Identification，RFID）技术，作为学生管理系统实现信息化的关键技术，正逐渐在高校中得到广泛应用。RFID 技术通过快速扫描与读取标签信息，即时完成信息的识别与存储，随后即可通过 RFID 系统实现对这些信息的快速访问和管理。

高校将 RFID 技术融入学生管理系统中，实现了对学生各项信息的实时管控。无论是学生的位置信息、考勤信息，还是学习信息、安全信息，都可以通过 RFID 技术得到精准的记录和管理。这一技术的应用，为学生日常管理提供了稳固的数据支持，使得管理工作更加高效、准确。同时，RFID 技术的应用还极大地强化了学生安全管理。通过实时监控学生的位置信息和安全状态，学校能够及时发现并处理潜在的安全隐患，确保学生的生命财产安全。RFID 技术在学生管理系统中的应用，为高校的学生管理带来了革命性的变革，推动了学生管理信息化的进程。

第二章　高校学生管理的内容创新

在新时代的浪潮之下，学生管理作为高校教育管理体系中不可或缺的关键一环，正面临着前所未有的挑战与机遇。为了顺应时代发展的需求，高校管理者亟须摒弃那些陈旧的管理范式，勇于在管理内容与形式上创新路径，以期实现学生管理工作的跨越式发展。为此，本章将深入聚焦并细致剖析高校学生管理中的若干核心要素，通过对这些要素的深入探讨，旨在为高校学生管理工作的改革与创新提供有益的参考与启示。

为了切实提升管理效能，高校管理者必须在管理实践中，积极引入新颖的理念，构建一个符合新时代要求的高校管理框架。在此过程中，需将焦点聚集于管理内容的深度优化上，着重关注学生的全面发展与个性化成长，确保每一项管理措施都能为学生的多元化成长提供有力支撑。在管理流程中，应始终秉持以学生为核心的原则，充分尊重学生的主体地位及其多样化的需求，致力于打造一个以学生为中心的管理环境。

在形式层面，应积极拥抱现代信息技术，灵活运用其强大的功能，推动管理手段的智能化与精细化发展，从而大幅提高管理效率与质量。与此同时，一个完善且高效的反馈与评估体系也是不可或缺的，它能够为管理工作的持续改进与优化提供坚实的保障。通过这一体系的建立，能够及时发现并解决管理过程中的问题与不足，确保高校学生管理体系能够始终保持其先进性与适应性。

只有在管理实践中全面引入新颖理念、优化管理内容、秉持以学生为核心的原则、灵活运用现代信息技术，并建立完善的反馈与评估体系时，才能成功构建一个既能充分满足学生成长需求，又能紧密贴合时代发展潮流的高校学生管理体系。

第一节　高校学生情感治理创新

在学生管理领域中，情感治理的核心旨在构筑一座连接学校与学生之间的情感桥梁，进而塑造出一种“学生—学校”双向互动的治理架构。这一架构强调将治理的精准性与服务的温情性相融合，旨在挖掘并激发教育治理的内在驱动力，以达成学生管理的既定目标，并最终提升教育治理的整体效能。

具体而言，情感治理不仅要求我们在治理过程中追求精确无误，确保各项管理措施能够精准对接学生的实际需求，更强调在服务层面注入温情与关怀，让学生感受到来自学校的温暖与支持。通过这样一种融合了精确性与温情性的治理模式，我们能够更有效地激发学生的积极性与参与度，使他们更加主动地参与学校的管理与建设。

在此基础上，情感治理还能够促进“学生—学校”双向互动治理架构的形成，使学校与学生之间建立起更加紧密的联系与合作。这不仅有助于增强学生对学校的归属感与认同感，还能够为教育治理提供更为丰富的资源与动力，从而推动学生管理目标的实现，并最终提高教育治理的整体效率与水平。

一、学生管理“精度”与“温度”的融合实践

《中国教育现代化 2035》提出，要“大力推进教育理念、体系、制度、内容、方法、治理现代化”“推进教育治理方式变革”“完善学校治理结构”，着眼“形成全社会共同参与的教育治理新格局”①。在社会管理领域，我国的学术界逐渐将情感层面视为面向实际社会需求和推进理论探讨的新趋势。具有中国特色的情感治理与中国传统文化紧密相连，它与国家治理的变革、革新以及建设活动紧密相连，与社会控制、社会管理和社会治理的三个时期同步发展，从情感的制约到以情感为基础的治理，最终又回归到治理对情感需求的关注。通过积极回应人们的情感表现和情感需求，能够缓解国家与社会之间的权力结构，缩小治理逻辑与生活逻辑之间的鸿沟，当代社会情感治理在目标、范围、方式和结构等方面勾勒出的整体框架和技术特点，促进了治理实践中行动策略的根本转变②。教育治理作为国家治理体系的关键部分，在中国教育现代化的内涵式发展道路上，应将情感治理作为主要维度来继承、发展和创新，以此激发教育治理的内在活力，增强教育治理的效能。

情感治理不仅是社会治理的目标、方法和工具，还是社会治理全面性的体现，根植于深远的历史和广泛的实际应用之中。在学生管理的实践中，情感治理的要素始终被纳入其中。随着科技的迅猛发展，人们获取信息和交流的方式正在经历深刻的转变。网络时代为情感的表达提供了更加多样化的渠道，而传统的以制度约束为主的学生管理手段，注重程序化、规范化和稳定性，其目的通常是“预防问题或减少问题”，在处理问题时往往采取事后处理的策略。这种刚性的管理方式未能充分调动学生的积极性，与现代教育治理理念及学生的成长需求之间存在显著的差异。现实情况迫使我们必须寻找更加融合、协作的新管理模型，虽然 ChatGPT 等人工智能提供了更加个性化的互动体验，但同时也提醒我们不

---

① 中华人民共和国中央人民政府．中共中央、国务院印发《中国教育现代化 2035》［EB/OL］．（2019-02-23）［2023-11-10］．http：//www. gov. cn/zhengce/2019-02/23/content_ 5367987. htm.

② 吴晓凯．当代社会情感治理的逻辑演绎与实践反思［J］．宁夏社会科学，2022（2）：152-160.

应过分依赖智能技术而忽略情感交流的重要性。

在高等教育管理中，深入探究如何敏锐捕捉并理解学生的情感状态，如何科学评估情感因素在教育管理实践中的深远影响，以及如何系统把握情感管理的实施步骤，显得尤为关键。本节内容立足于"情感治理"的独特视角，对高校学生管理的现状进行深刻审视，着重探讨情感治理的潜在效能、核心重要性、实际可行性及其实施策略。通过细致入微地分析学生管理中情感的多元化维度，将力图清晰界定情感在其中的价值意蕴，系统梳理情感管理的操作流程，并积极探寻和构建一套系统化的实践路径。

在此过程中，学生管理者们追求的不仅是管理活动的"精确无误"，更致力于在服务层面融入"温馨关怀"，以期实现管理效能与人文关怀的双重提升。这一努力不仅与高校学生管理对"善治"目标的执着追求相契合，更是为了积极响应新时代背景下高校高质量发展的迫切需求。通过情感治理的深入实践，有望为学生创造一个更加和谐、包容、富有情感支持的学习环境，进而推动高等教育事业的持续繁荣与发展。

二、学生管理中的"情感"嵌入策略

在高等学府的教育管理实践中，学生管理工作时常遭遇诸多复杂挑战，这促使管理者不得不从情感维度进行深入反思与探索。作为教师，应当以一颗诚挚的心灵作为桥梁，努力拉近与学生之间的心理距离，通过情感的逐步累积，使学生更愿意敞开心扉接受教育引导，进而点燃他们内心的动力之火，引领他们走向自我觉醒的道路，有力推动知识学习与技能掌握的进程。

知识的有效传递并非单纯依赖逻辑力量的推动，情感的力量同样不可或缺。它如同一股温暖的春风，能够深深触动学生的心灵，激发他们的内在变革意愿，促进思维与情感的深度共鸣。在这个过程中，学生不仅能够获得知识的滋养，更能在情感的滋养下实现心灵的成长与蜕变，从而收获更为丰硕的教育成果。因此，在高校学生管理中，应当充分重视并发挥情感的力量，以期达到更佳的教育效果。

高校所有的教育管理实践都致力于达成"以学生全面发展为中心"的终极教育目标。在高等教育的培养进程中，学生的成长与发展日益成为管理者关注的焦点，他们也愈发重视学生在学习过程中所获得的知识与技能，以及学生切身感受到的"满意度"和"成就感"，这两个指标在高校教育评价体系中被频繁且深刻地提及，也已成为衡量教育质量的重要标尺。同时，"情感上的认同"与"情感上的满足感"也被视为不可或缺的评价维度，它们在很大程度上影响着学生的教育体验与成长感受。

面对复杂而多元的挑战，从学生管理的主体与客体关系、教育策略的制定与实施以及工作目标的设定与达成等多个维度进行深入剖析，可以清晰地看到，情感不仅是维系师生关系的牢固纽带，更是教育管理中不可或缺的资源。它如同一股无形的力量，贯穿学生管理的始终，构成了学生管理工作的核心要素与关键维度。因此，在探索和实践高校学生管理的过程中，必须充分认识和利用情感的力量，以期更好地服务于学生的全面发展与成长。

（一）从管理主客体视角看，情感共鸣的育人功效显著

一方面，学生管理工作本质上是一项蕴含深厚情感投入的任务。在管理实践中，师生之间的关系已经超越了传统意义上的教学互动，而逐渐演变成为一种融合了教育引导、心理关怀以及情感交流等多个层面的“综合性关系体系”。在这种关系体系中，师生情感的共鸣与交融成为推动关系和谐发展的核心要素，它为学生管理工作奠定了坚实的情感基础，使学生在这种深厚的情感纽带作用下，更加认同和支持管理工作，进而确保管理活动的顺利推进。在此基础上，学生能够被激发出主动承担管理责任、实现自我管理的内在动力与行动自觉，从而使教育管理达到“无为而治”的境界，即在不强制、不干涉的情况下，学生能够自觉地按照管理要求与规范行事。

另一方面，情感因素在推动学生发展方式的转变过程中，发挥着举足轻重的作用。作为具有鲜明个性特征和积极思维能力的成年人，大学生在校园生活中必须完成从依赖父母和教师规划向自我规划、自我管理的转变。在这一关键且充满挑战的成长阶段，教师的理解、尊重、信任与支持成为他们成长道路上的重要助力。这些情感因素不仅能够激发学生的内在潜能，还能够引导他们形成正确的世界观、人生观、价值观。因此，将学生情感作为学生管理工作的核心要素，是不可或缺的。通过情感的培养与引导，可以更有效地推动学生发展方式的转变，促进他们的全面成长与发展。

（二）从教育方法视角论，情感回归是育人的核心路径

高校学生管理工作应当实现“治理”与“情感”的深度融合与相互促进。这一融合的关键在于构建教师与学生之间情感的强烈共鸣，以及实现个体内在自我驱动与外在管理机制的和谐共生，从而塑造出一种互动积极、氛围和谐的理想管理模式。因此，在学生管理工作的过程中，我们必须高度重视“治理”与“情感”的双重作用，将两者紧密结合，共同作用于教育的全过程，以期达到推动教育持续进步与发展的目的。

在学生管理过程中既要注重运用科学的治理手段，确保管理工作的规范性与有效性，又要充分关注并尊重大学生的情感需求，通过情感的交流与共鸣，激发他们的内在动力与积极性。只有这样，才能在大学生管理工作中真正实现“治理”与“情感”的有机结合，为教育的繁荣发展贡献力量。

外部环境的动态变迁为情感治理的推行提供了强劲的驱动力。在当今这个日新月异的时代背景下，个体间以及个体与群体之间的情感沟通模式正悄然发生着细腻而深刻的转变。相较于以往那种基于权威、趋于僵化的管理模式，现代大学生群体对于精神层面的追

求以及情感秩序的构建表现出了前所未有的重视。这一变化要求传统的教育方法必须及时注入情感的温润滋养，以适应大学生日益增长的情感需求。

因此，亟须摒弃那种单一、机械的管理手段，转而采取更加细腻入微、精准高效且紧密贴合学生实际需求的管理方式。这种管理方式不仅要求学生管理者在管理实践中充分关注学生的情感动态，更要在育人目标的设定与实现过程中，融入更多的情感元素，以期构建一个既有序高效又充满人文关怀的管理育人环境。通过这样的努力，才能更好地满足现代大学生的成长需求，促进他们的全面发展与个性成长。

（三）从工作目标出发，情感关注是必不可少的要素

首先，与学生建立并保持紧密且深入的联系，是精准实施教育工作的关键所在。在学生的成长与发展历程中，教育工作者必须全面而深入地洞察学生的独特特质，精准把握其成长成才的规律与模式，并深刻理解在不断演变的社会环境与个性差异中，学生所亟须的个性化指导。为此，就需要与学生的实际情况、日常生活与思想世界紧密相连，细致入微地捕捉他们的思想波动、生活诉求、职业规划、心理困扰以及价值追求。在此基础上，高校应当构建一个既生动又温情的教育管理体系，该体系需充分满足学生的真实情感需求，同时彰显时代特色、遵循教育规律并充满活力与创新。

此外，情感作为连接师生的纽带，其在增强信任与汇聚教育影响力方面发挥着不可替代的作用。在管理实践中，教师应注重与学生的情感交流，努力成为学生成长道路上的贴心伴侣与智慧引导者，从而赢得学生的尊重与信赖。通过深入挖掘情感中的巨大潜能，可以将师生间长期形成的非正式默契，逐步转化为一种有效的管理习惯，并升华为一种共享的精神文化。这种精神文化不仅能够凝聚师生力量，形成强大的教育合力，还能够为学生的全面发展提供坚实的支撑与保障。

三、“情感”交互激发“治理”效应

在科学管理与教育管理的实践中，对标准化、规范化及工具理性的不懈追求，与情感丰富、细腻的工作性质相互交织，共同构成了学生管理中情感与治理和谐共生的独特景观。在实际运作过程中，既要确保治理工作的严谨性与精确性，不放过任何一个细节，以实现管理的规范与高效，也要充分尊重并维护情感的多样性与丰富性，让每一份情感都能在管理过程中得到充分的表达与回应。

这种情感与治理的相融共生，不仅体现了对学生个体差异的深刻理解与尊重，也彰显了教育管理工作的人性化关怀。通过精确治理与情感滋养的有机结合，能够更好地激发学生的内在潜能，引导他们健康成长，为培养具有创新精神与实践能力的高素质人才奠定坚实的基础。

在学生管理的范畴内，“情感治理”这一理念深刻揭示了教师对学生情感世界与精神需求的主动关切与积极回应。它超越了简单的人际交往与利益交换的层面，更非仅仅将情感视为一种非正式的、辅助性的管理手段。情感治理的本质，在于通过深入激发学生的内在潜能与积极性，搭建起管理目标与学生内心之间的桥梁，促进两者之间的有效沟通与深度理解。

在这一过程中，情感治理不仅关注学生的外在行为表现，更重视其内在的心理状态与情感需求。它鼓励学生积极参与自我管理的过程之中，通过培养自我认知、自我激励与自我控制的能力，逐步实现对自身行为与情感的自主调控。这种自主性的提升，不仅有助于实现既定的管理目标，而且能够为学生个人的全面发展与成长奠定坚实的基础。因此，情感治理在学生管理领域的应用，不仅是对传统管理模式的一种创新与超越，更是对教育事业本质与规律的深刻把握与践行。

情感与个体自我之间的相互作用，不仅在微观层面的具体行为表现中显而易见，更在更为宽泛的中观与宏观维度上发挥着深远的影响。鉴于此，情感治理策略的巧妙运用，无疑为现代高等教育的管理实践开辟了新的视野与路径，为构建一个坚实有力的集体韧性社群提供了强有力的支撑。这一社群不仅能够为大学生的个人成长提供外在的环境，还能够有力地促进他们内在价值观的形成与实现。

情感治理通过深入挖掘与利用情感资源，强化了教育管理者与学生之间的情感联系与互动，从而激发了学生的内在动力与潜能。这种情感的滋养与激励，不仅有助于学生在学业上取得优异的成绩，更能够引导他们在思想与品德上不断升华，形成积极向上、坚韧不拔的人格特质。同时，集体韧性社群的构建，也为大学生提供了一个相互支持、共同成长的平台，使他们能够在面对挑战与困难时，更加自信、坚定地前行。因此，情感治理在现代高等教育管理中的运用，无疑为培养具有创新精神与社会责任感的高素质人才奠定了坚实的基础。

（一）开启现代高等教育管理新视角

现代高等教育管理的新视角主要聚焦于以下几个关键层面进行展现。

首先，通过利用“情感”这一关键联结点，学生管理的架构得到了显著的优化与提升。随着教育治理体系与能力现代化步伐的加速推进，学生管理的深化探索必须在全员参与、全方位协同以及系统构建的过程中，持续推动管理模式的革新与进步。这就要求对学生的物质与精神需求要给予高度的关注与细致的洞察，并在师生情感交流互动的过程中，深入挖掘并充分利用丰富多彩的精神文化资源。通过这种途径，可以显著增强学生的参与意识与情感共鸣，借助“情感”这一强有力的联结点，有力维护并促进高校学生管理与育人工作之间的良性互动与循环发展。

其次，情感治理为教育治理的创新实践开辟了一个全新的观察角度与思考维度。在高校学生管理上，情感治理通过充分激发各相关主体的积极性与创造力，实现了更为广泛而深入的参与与支持，这既包括对现有要素的精细化优化和提升，也涵盖了对新要素的有机性融入与整合。在理念层面，实现了从传统的“控制导向”向现代的“服务导向”的根本性转变；在机制层面，完成了从“垂直式管理”向“扁平化治理”的深刻转型；在管理范式层面，则实现了从外延式的“技术管理”向内生式的“情感治理”的跨越式发展。这些转变不仅为管理育人的全面深化发展提供了有力的支撑与保障，更为教育治理体系的持续完善与能力的不断提升注入了新的活力与动力。

（二）唤醒构建具备强大凝聚力的集体活力共同体的新动力

构建具备强大凝聚力的集体活力共同体的驱动力，主要体现在两个核心维度之上。首先是情感的深度融合与联结，这在共同体构建的过程中扮演着至关重要的角色。在高校的学生管理实践中，情感治理策略的施行，将共享的价值观、精神精髓、文化底蕴以及行为准则巧妙地融入师生间的日常互动与交流之中，从而编织出一张情感纽带的动态交织网络。这一网络通过高效整合各类组织要素，有力地推动了共建、共治、共享的情感共同体的逐步成型。

其次，拥有深厚共同情感的团体在展现韧性方面尤为突出，这也是第二个核心维度。在这个共同体中，学生的主观能动性被置于至关重要的地位，管理的主体与对象之间的关系转变为一种双主体协同合作的新模式，这一转变极大地激发了大学生在自我教育、自我服务、自我管理以及自我监督等方面的内在动力。随着情感治理机制的深入推进，表达、沟通、反馈的流程得到了持续优化，这不仅增强了成员间的互信与合作氛围，还显著提升了每位成员的责任感与成长的使命感。正是这些因素的综合作用，使师生共同体在面对日常挑战与困境时，能够展现出更为坚韧不拔、团结协作的集体韧性，共同应对并克服各种难题。

（三）寻找学生个性化成长与价值体现的新途径

从情感这个全新的视角出发，促进学生个性化成长与价值实现的过程，主要体现在以下方面。

首先，这一过程显著凸显了教育实践中学习者所占据的主导地位及其能力的充分发挥，这与社会学领域所强调的关于人的价值及主体地位的理论不谋而合。对于学生个体而言，积极的心态与丰富的情感在学习与日常生活中能够激励他们追求更高的目标和更大的成就。教师若能以正面、积极的方式回应并深入理解学生的情感需求，便能有效激发学生的内在潜能与动力，促进师生整体素质的全面提升。在学生管理层面，关注学生的情感需求与个性化成长路径，能够极大增强师生间的相互认同与理解，这是推动双方积极互动、提升管理效能的关键所在，同时也是现代学生管理体系中不可或缺的软实力。

其次，该视角还深刻阐述了以学生为中心的教学理念。通过构建一种和谐、融洽的师生关系，教师能够给予学生充分的关注、尊重与关怀，进而形成一种独特且深厚的情感联结与纽带。这不仅有助于教师更好地履行立德树人的神圣职责，还能为学生的全面成长与发展提供强有力的支撑与保障。在这一过程中，学生的知识、技能、情感态度与价值观都将得到全面发展，从而实现真正的个性化成长与价值实现。

四、“情感”与“治理”相结合，共同推动发展

在社会规范与人生阅历的双重影响下，行动者逐渐形成了用以评估世界与指导行动的“习性”，这一习性不仅塑造了群体共有的潜意识观念，还孕育了独特的思维逻辑与共享的文化底蕴。作为文化资本传递的核心环节，学校教育通过关系网络的深度交融而得以强化。在高校学生管理上，情感治理同样经历了类似的演变历程。在这一过程中，不同的主体在同一场域内展开互动，他们通过介入情感的再生产流程，重新构建并协调彼此间的关系网络，从而在特定的场域内培育出积极的情感特质。

高校学生管理的情感治理不再仅仅局限于传统的管控与约束，而是更加注重情感的引导与培育。管理者与被管理者在同一场域内共同经历情感的起伏与变化，通过深入的交流与互动，他们逐渐形成了对彼此情感的深刻理解与认同。这不仅有助于缓解管理过程中的冲突与矛盾，还能够激发各主体间的积极情感，从而构建起一种和谐、融洽的管理氛围。在这种氛围下，各主体能够更加主动地参与管理活动，共同为高校的发展贡献自己的力量。

情感治理还强调了对情感再生产过程的干预与引导。通过关注情感的生成、发展与变化，管理者能够及时发现并解决潜在的情感问题，从而避免情感冲突的发生。同时，他们还能够通过积极的情感引导，激发各主体间的正向情感，促进彼此间的相互支持与协作。这种情感上的联结与共鸣，不仅有助于提高管理的效率与质量，还能够为高校的文化建设注入新的活力与动力。这种有意识地导向或重塑个体潜在的行为模式，将个体的行动导向并融入总体目标的实现过程中，促使情感作为一种累积性的资本，在交互作用中不断催生新的联结模式。最终通过全面介入各层次情感的再生产环节，实现治理循环的完善与优化。情感治理经过精心策划，巧妙融合了不同层面之间的关系网络，促进了治理主体与发展要素的全方位整合与高效传递，使情感成为消除隔阂、打破壁垒的有力工具，从而构建了一种充满活力的动态治理实践。以下将从四个核心维度，对高校学生管理中情感治理的具体运作机制进行深入剖析与探讨。

（一）固本培元：构建环境，确立信任根基

情绪与情感往往容易受到周遭情境的影响，个体在置身于群体之中时，通常会在认知

结构、判断标准、信仰体系以及行为模式上与群体保持高度的一致性，进而催生出从众效应。这一效应对于社会形成统一的规范体系与价值观念发挥着积极的促进作用。

在学生管理的语境下，一个凝聚力强大的集体往往会对成员产生更为强烈的吸引力，使成员对集体产生深厚的归属感。这种归属感进一步激发了成员内在的动力，促使他们积极维护集体的荣誉、为集体的繁荣贡献力量，并主动承担起相应的责任。因此，核心任务在于在特定的环境中精心营造一个积极向上的氛围，构建一个能够激发正面情绪的群体环境。

具体而言，可以通过多种方式来实现这一目标。例如，通过展示群体辉煌的历史成就，提升成员对群体的荣誉感和归属感；通过深入阐释群体的制度与运作机制，增强成员对共同目标的认同感和责任感；通过树立并宣传模范人物的成长历程与杰出贡献，使成员深刻感受到群体内的成长潜力与激励力量。这些举措有助于成员更加深入地理解并接纳群体的共同价值观与愿景，从而为构建一个具有“共鸣”效应的群体意识与“认同”基础的价值观念奠定坚实的基础。

综上所述，通过精心设计与实施一系列策略，可以有效地在学生管理中塑造一个积极、健康、向上的群体环境，促进成员的个人成长与集体的共同发展。

（二）融合互嵌：提升归属感，深化治理理念

情感是在社会交往的漫长历程中逐步塑造而成的，呈现出鲜明的持久性与稳固性特征。在特定的情境脉络下，个体不仅会受到来自他人或周遭环境的深刻影响，同时也会对这些因素产生积极的反作用，情感就在这一持续不断的交互作用、传递扩散与循环往复的过程中得以发展演进。情感的流动性与复制性特质催生了显著的乘数效应，铸就了其别具一格的情感表征。

社会交换理论深刻指出，信任与合作这两种珍贵的社会资本，其根基深深植于相互依赖、彼此扶助以及公平互惠的原则之上。在这一理论框架下，个体间的信任与合作并非凭空产生，而是建立在双方对彼此需求的理解、尊重与满足之上，通过不断地互动与交换，逐步深化并巩固起来。这一过程不仅彰显了情感的强大力量，也进一步印证了情感在社会生活中的不可或缺性及其对于构建和谐社会关系的重要作用。

在高校学生情感治理的范畴内，构建多元化的互动模式与策略体系显得尤为关键，旨在精准把握每位学生的情感需求，从而搭建起“学生—学校”之间坚实的情感桥梁与信赖合作网络。当学生群体对“治理”举措展现出高度的认可与积极的参与态度时，这种对集体的深切认同感将驱动他们更加主动地投身于共同目标的实现进程中。

在此过程中，个体与群体间持续累积的积极情感体验，将经由量的不断汇聚而触发质的飞跃，实现从情感积淀向情感升华的跨越。这种情感的累积与升华，不仅加深了学生对

集体的归属感与责任感，更为高校学生情感治理工作的深入推进奠定了坚实的基础。通过精心设计与实施多样化的互动机制，能够更有效地激发学生的内在动力，促进他们为集体的繁荣与发展贡献自己的力量。

（三）转化动能：激发内在动机，践行于实际行动

从心理学的视角出发，情感机制的动力效能是激发个体内在潜能的核心要素。作为内在心理活动的基本驱动力系统，情感承载着适应环境、激发行动动机以及整合心理活动的三大核心职能。一方面，情绪与情感如同放大器，能够增强并凸显内在驱动力的信号，更加高效地驱动有机体采取相应的行动。另一方面，情绪在个体其他心理活动中扮演着至关重要的组织角色，积极的情绪状态有助于促进各项活动的协调与推进，而消极的情绪则可能引发活动的混乱甚至瓦解。

经过上述两个过程的逐步铺垫，被管理者已经对情感中所蕴含的自我认同与集体归属感等要素形成了积极的认知标签，产生了遵循规范的行为倾向。在此过程中，通过温和而巧妙地运用情感机制，成功地实现了学生管理的有序进行。这种管理方式不仅尊重了个体的情感体验，还充分利用了情感的正面效能，为构建和谐的校园氛围与高效的管理体系奠定了坚实的基础。

（四）反哺共生：形成良性循环，实现无为而治之境

不断深化情感治理的实践进程，对于促进学生情感智慧与理性认知的协同发展具有重要意义。在这一过程中，情感上的认同逐渐内化为深层次的思想共识。通过持续不断地对被管理者进行正面激励，在遵循既定规律与目标导向的情感治理框架下，情感治理已逐步演进为一种兼具规律性、规范严谨与制度化特征的高效治理模式。

该模式不仅强调情感在治理过程中的积极作用，还注重将情感因素与规则体系相结合，以确保治理活动的有序开展与高效推进。通过构建一套完善的情感治理机制，旨在激发学生的内在潜能，促进他们情感与理智的和谐统一，为培养全面发展的高素质人才奠定坚实的基础。

在不断优化与完善的学生管理体系中，积极融入情感力量与自我管理的核心理念，能够开辟出一条情感与管理深度融合的管理新路径。这一路径不仅强调管理的规范性，更侧重于激发学生的内在动力，引导他们从传统的被管理状态向自我管理的方向迈进。通过这一转变，学生在大学生涯的成长道路上展现出了更为高效的管理效果。

在管理实践中要注重培养学生的自我管理意识，通过情感力量的注入，使学生在接受管理的同时，也能够感受到来自管理体系的关怀与支持。这种关怀与支持不仅有助于提升学生的情感认同，还能够激发他们的自我驱动力，使他们更加主动地参与管理活动。在这样的氛围下，学生不仅能够更好地遵守管理规定，还能够主动探索适合自己的管理方法，

从而实现自我管理与自我提升的双重目标。

情感与管理相结合的管理路径在大学生成长的过程中展现出了显著的管理成效，为学生的全面发展提供了有力保障。

五、“柔性力量”激活治理“神经末梢”

情感的影响力深远且巨大，它能够触及人的心灵深处，唤醒潜在的能量，并产生深远且难以量化的效应。面对新时代的挑战，高校学生管理的升级策略中融入了情感治理的新思维，旨在激发学生的内在积极性与自我认知。这一过程首先聚焦于情感赋能，即通过有效整合情感资源，为学生管理融入情感元素奠定坚实的基础。随后，致力于优化管理架构，旨在提高各方在情感治理方面的能力与效率。最后，通过不断拓展情感治理的机制，以确保情感治理能够拥有持久且稳定的动力源泉。

在这一系统性的进程中，情感资源的有效整合构成了整个策略的起始点，它如同基石般支撑着后续各项工作的顺利开展。而管理架构的优化则成为整个策略的核心环节，它确保了情感治理能够在更加高效与协同的环境中得以实施。至于情感治理机制的拓展，则如同坚强的后盾，为情感治理的持续发展与深化提供了有力的保障。通过这一系列精心设计的步骤，旨在构建一个全面、深入且富有成效的情感治理体系，以便更好地服务于高校学生管理工作的提升与发展。

（一）整合情感资源，筑牢学生管理情感融入基石

为了营造一个积极向上的精神文化氛围，就需要实现从“分散状态”向“高度凝聚”的根本性转变。群体成员间的互动交往依赖共通的语言体系、价值观念以及行为规范。在此基础上，集体应当深化精神文明建设，深入挖掘并彰显独特的团队特质与深厚内涵，从而构建出一种充满正能量的交流氛围。

这种氛围的营造旨在激发成员内心深处的归属感，使他们能够自觉地为团队的荣誉而战，坚定地维护团队的形象与利益。同时，成员们也会更加主动地遵守团队规则，将团队的价值观内化于心、外化于行。在这样的环境下，管理将呈现出一种自然且协调的状态，无须过多的外部干预，团队成员便能够自发地协同合作，共同推动团队向着更高的目标迈进。

通过强化精神文明建设、挖掘团队特色与内涵、构建积极向上的交流氛围等措施，可以有效地实现从“散点”到“聚合”的转变，从而打造出一个具有高度凝聚力、向心力与战斗力的优秀团队。

在提升学生关怀的实践中，必须实现从“补救式修复”向“前瞻性引导”的深刻转变。过往经验揭示，学生管理领域内存在的不确定性、模糊性以及不明确性，往往成为学

生情绪顺畅表达的重大阻碍。若缺乏有效的沟通渠道与高效的问题解决机制，师生间的信任一旦遭受损害，原本微不足道的问题也可能迅速升级，变得棘手难解，不仅耗费大量时间与精力，还可能对师生关系造成深远影响。

因此，构建一套清晰、高效的情绪疏导与反馈机制显得尤为重要。这一机制旨在促进师生间的真诚沟通与深度信任，即便面临难以迅速攻克的问题，学生亦能展现出理解与宽容，与学校携手共克时艰，甚至主动贡献智慧，提出建设性意见。特别强调的是，内外情感的深度融合与动力的有效激发并非一蹴而就，而是需要建立在特定条件之上的。唯有将真挚情感与先进榜样等正能量元素传递给学生，方能促进内外情感的有机交融，进而培育出健康的人际情感、强烈的群体归属感以及深厚的家国情怀。这些情感因素不仅有助于构建和谐的校园氛围，还能显著提升教育治理的整体效能。

因此，教师在参与优秀评选、制度执行以及政策落实的过程中，必须全身心投入，坚守公平、公正的原则，确保学生充分享有知情权、参与权以及表达权，为情感治理工作的顺利开展奠定坚实的基础，进而促进师生之间形成积极、健康的互动关系，有效激发学生的内在活力与潜能。

教师还需高度重视对先进典型进行发掘、培养、宣传以及表彰的完整流程，旨在激发学生的进取心与斗志，推动实现从个体优秀向集体卓越的跨越式发展。通过精心打造以“领头雁”为核心引领的“雁群效应”，能够确保集体在思想认知、奋斗目标以及实际行动上保持高度一致，进而在学生管理工作中汇聚起强大的协同力量与集体智慧。

这一过程不仅要求教师要具备高度的责任心与使命感，还需要他们具备敏锐的洞察力与卓越的领导力，以便能够准确识别并培育出真正具有引领作用的先进典型，同时，通过有效的沟通与激励机制，能够激发全体学生的积极性与创造力，共同推动学生管理工作迈向新的高度。

（二）优化系统结构，增强参与者情感管理的成效

管理者正逐步从传统的“管理控制”角色转变为“引导服务”的新型角色。在育人实践中，必须紧跟时代的脉搏，灵活应变，与时俱进，勇于创新。面对信息获取渠道的多元化、学生思维的开放性与个性的自主性日益增强的现实背景，教育者必须主动调整和优化教育策略，树立起以促进学生全面发展为核心的教育价值观。

在方法论层面，我们应当紧密贴合现代大学生的独特特性，确保情感教育的方式方法能够与学生的心理特征、接受习惯以及情感需求高度契合。此外，管理者还需掌握多元化的管理技巧，具备出色的沟通协调能力，拥有高尚的道德情操，广泛的社会交往能力以及饱满的教育热情。这些素养不仅是管理者个人成长的重要基石，更是推动情感教育深入发展的关键要素。

管理者的职责不应仅仅局限于对学生需求的被动响应，而应在实际工作中不断探索和实践提升情感管理效能的新途径、新方法。通过激发学生的主动参与意识，深入挖掘学生在自我认知、自我反思以及自我提升方面的巨大潜能，才能够为学生的全面发展注入源源不断的动力。在这一过程中，管理者需要保持高度的敏感性和创新精神，持续推动情感教育实践的深化与拓展，为学生的成长成才创造更加优越的环境与条件。

激发学生的内在自我驱动力，促使他们从“被动接受”向“主动作为”转变，是教育管理的核心目标之一。人类天生具有融入群体、成为集体一员的强烈愿望，当个体深刻感受到自己作为团体成员的价值与被重视的程度时，会激发出积极的情感体验。在学生管理中，情感的培育与经营应当致力于构建一个基于信任与协作的和谐集体氛围。

这一目标的实现，不仅需要学校与教师之间的紧密协作与共同努力，更离不开“学生”这一关键群体的积极参与和主动投入。学生应以主人翁的姿态，怀揣高度的责任感与使命感，主动调整自身的心态，积极寻求与教师之间的有效沟通与交流。同时，他们还应踊跃参与各类实践活动，以更加主动的姿态融入集体生活，通过不断深化个人体验来增强自身的综合能力与素质。

学校与教师应当发挥引领作用，通过科学的教育方法与策略，激发学生的内在潜能，引导他们主动探索、勇于实践，从而在集体中不断成长、不断进步。而学生也应积极响应、主动参与，以更加开放的心态和更加饱满的热情，共同营造一个充满活力、和谐向上的集体氛围。

为了推动学校管理从“易于管理”向“高效善治”的深刻转变，必须着力整合来自多方面的资源，实现各方力量的协同作战。情感治理作为贯穿学校管理各个层面的总体策略，要求管理者必须运用系统化的思维方式，全面、有效地融合所有成员、各个流程及所有相关资源的力量。

为了构建一个多元化、动态化的共治互动体系，必须注重组织协调的精准性、团队协作的紧密性、资源整合的高效性以及全面调配的灵活性。在这一过程中，高校需要精心策划、周密部署，确保各项资源能够得到最优化的配置与利用。同时，还应加强各方之间的沟通与合作，打破壁垒、消除隔阂，形成强大的工作合力。

通过这一系列的努力，不仅能够实现资源的最大化利用，还能够促进学校管理的全面升级，推动情感治理理念在实践中得到更加深入、更加广泛的运用。最终，将能够构建一个更加和谐、更加高效、更加富有活力的学校管理体系，为学生的全面发展提供更加坚实的保障。

（三）加强情感机制的深化，激发情感治理的持续动力

推进情感治理机制的创新深化，实现从“静态模式”到“动态适应”的根本性转变，

是当前情感治理领域的重要任务。在既有的情感治理机制框架内，应持续不断地进行探索与实践，力求机制设计更加灵活多变、适应性显著增强。在此过程中，对学生的情感需求变化保持高度关注与敏锐洞察至关重要，这就要求管理者能够迅速响应、灵活调整治理策略，确保情感治理机制能够紧跟时代步伐，持续释放其效能与活力。

加强各机制之间的衔接与协同作业同样不可或缺。通过构建动态互补、协同推进的情感治理体系，能够确保各项机制在运作过程中形成合力，共同应对复杂多变的情感治理挑战。这不仅有助于提升情感治理的整体效能，还能有效促进机制间的良性互动与资源共享，为情感治理工作的深入开展奠定坚实的基础。

深化情感治理机制的创新，实现从静态到动态的跨越，需要管理者持续关注学生情感需求、灵活调整治理策略，并加强机制间的衔接与协同，构建一个更加高效、灵活、协同的情感治理体系。

为了推动情感治理支撑体系由“局部片面”向“全面系统”的转型升级，需要构建一个涵盖组织架构、制度规范、人力资源以及技术支撑等多个维度的综合体系，以确保情感治理工作的深入实施与高效推进。

在组织层面，应当强化组织建设，明确界定并细化各部门的职能与责任，促进各部门之间的紧密协作与高效联动，以形成强大的工作合力。在制度方面，需要不断完善情感治理的相关制度规范，为情感治理的实践操作提供坚实有力的政策保障与制度支撑。

在人力资源的配置上，加强人员培训与能力提升显得尤为重要。通过系统的培训与教育，可以有效提升情感治理工作人员的专业素养与业务能力，为情感治理工作的深入开展奠定坚实的人才基础。此外，引入先进的技术手段也是提升情感治理效能的关键一环。借助智能化、精准化的技术工具，可以实现对情感治理工作的精细管理与高效运作，从而推动情感治理向更高水平迈进。

完善情感治理支撑体系需要高校从组织架构、制度规范、人力资源以及技术支撑等多个方面入手，以形成全面、系统、高效的支撑体系，为情感治理工作的顺利开展提供有力保障。

在深化情感治理的过程中，应当着重强化评价激励机制的建构，实现从“外在驱动”到“内在激发”的根本性转变。在情感治理的实践中，评价激励机制至关重要，它能够有效调动师生的积极性与主动性，成为推动情感治理工作持续深入的内生动力。

为此，需要着手建立一套科学、合理且全面的评价体系。这一体系应能够对情感治理工作的实施效果进行全面审视、客观评判与公正反馈，确保评价的准确性与有效性。在评价体系的基础上，还应根据评价结果，及时对表现突出的师生给予充分的表彰与奖励，以此作为激励手段，进一步激发他们参与情感治理工作的热情与动力。

培养师生的情感认同与归属感同样不容忽视。通过营造积极向上的情感氛围，可以引导师生深刻认识到情感治理的重要性与价值所在，进而将情感治理内化为他们的自觉行动与内在需求。这一转变不仅能够提升情感治理工作的实效性，还能够促进师生之间的深度沟通与情感共鸣，为学校的和谐发展奠定坚实的基础。

强化情感治理评价激励机制的建构，实现从外在驱动到内在激发的转变，需要着手建立一套科学全面的评价体系，及时给予表彰奖励，并注重培养师生的情感认同与归属感，以推动情感治理工作的持续深入与高效开展。

第二节　高校学生安全管理创新

高校教育环境的稳定性与可持续性，其核心在于“安全”这一关键要素的有力保障。作为培育学生全面发展的重要阵地，高校的首要职责无疑是确保每位学生的身心健康与生命财产安全，为学生群体构建一个既安全又和谐的学习与生活环境。

在维护学生安全的过程中，高校管理者不仅要激发学生的学习热情与创造力，还要为他们的全面发展提供坚实的支撑。学生安全的有效保障能够显著提高高校的整体教育质量与社会声誉，进而在更广阔的层面上促进高校与学生的良性互动与共同发展。

一个安全稳定的高校环境能够让学生更加专注于学业，减少因安全问题而产生的分心与忧虑。同时，这种环境也能够激发学生的创新思维并利用实践能力的提升，为他们未来的职业发展与社会贡献奠定坚实的基础。此外，高校通过有效维护学生安全，还能够赢得社会各界的广泛认可与赞誉，进而提升自身的社会影响力与竞争力。

安全不仅是高校稳定运行的核心要素，更是推动高校与学生共同发展的不竭动力。因此，应当高度重视高校安全工作，确保每一位学生的身心健康与生命安全，为他们的全面成长与高校的持续发展提供有力保障。

伴随着高等教育机构规模的不断扩张与社会环境的持续变迁，高校学生正面临着日益多样化且复杂的安全挑战。在此背景下，高校安全管理的战略地位与紧迫性愈发显著，成为保障学生安全、维护校园和谐不可或缺的一环。本节内容将从高校学生安全的多种类型、潜在影响因素、管理体系的构建策略以及创新性的应对举措等多个维度，展开深入而详尽的探讨与分析。

首先剖析高校学生所面临的安全风险的多样化特征，包括但不限于人身安全、信息安全、心理健康安全等多个层面。随后，深入探究这些安全风险产生的根源与影响因素，从社会环境、校园管理、学生个体等多个角度进行综合考量。在此基础之上，将进一步探讨如何构建一套科学、高效的高校安全管理体系，涵盖预警机制、应急响应、日常监管等多个关键环节，以确保能够迅速、准确地应对各类安全事件。

最后，本节还将着重介绍一些创新性的安全管理对策与实践案例，旨在为高校安全管理提供新的思路与启示。这些对策可能涉及技术手段的应用、管理制度的创新、学生安全教育的加强等多个方面，以期在保障学生安全的同时，推动高校安全管理水平的持续提高与完善。

一、高校学生安全管理相关概述

“安全”这一概念，本质上意味着个体能够处于无恐惧、无忧虑的状态，且不会遭受任何形式的伤害或损失。若从狭义层面进行解读，安全通常指的是在社会生产活动中，能够将涉及人身安全、财产安全以及生活环境安全等方面的潜在损失，有效控制在社会广泛认可与接受的合理范围之内。

而在本节的具体语境中，我们着重探讨的是“学生安全”这一特定范畴。具体而言，学生安全指的是在高等学校致力于维护校园秩序稳定与和谐的过程中，通过采取一系列积极有效的措施，如组建专业的安全防护团队、提供充足的技术与经费支持、不断加强基础设施建设等，最大限度地保障学生群体免受各类侵害与潜在危险的威胁，确保他们能够在安全、稳定的环境中学习与生活。

这些措施的实施，不仅体现了高等学校对学生安全的高度重视与深切关怀，也是构建平安校园、促进学生全面发展的重要基石。通过不断优化和完善学生安全保障体系，能够为学生的健康成长与全面发展提供更加坚实有力的支持与保障。

安全管理是一个旨在实现安全目标的过程，它涉及对人力、物力以及财力等资源的组织、协调与整合，以确保各种资源能够高效、有序地服务于安全目标的实现。从狭义的层面来看，安全管理特指人们在日常的生产与生活活动中，为了有效预防事故的发生而采取的一系列管理措施。这些措施涵盖了从风险评估、隐患排查到应急响应等多个环节，旨在通过科学的管理手段，将事故发生的可能性降至最低。

从更广义的层面来看，安全管理的范畴则更加宽泛。它不仅关注预防事故的发生，更致力于促进人类的正常生产与生存发展。在这个意义上，安全管理可以被视为一种对当前世界上所有物质运动进行管理与控制的综合性活动。它要求管理者具备全局性的视野，能够识别并应对各种潜在的安全风险，以确保人类社会的稳定与进步。

安全管理是一个既具体又抽象的概念。它既包括了对具体事故的预防与控制，也涵盖了对人类生产与生存发展的全面保障。因此，在实施安全管理的过程中，需要根据具体情境与目标，灵活运用各种管理手段与资源，以确保安全目标的顺利实现。

高校学生安全管理是一个综合性的过程，它要求管理者必须严格遵循法律法规和既定的规章制度，通过实施一系列精心设计的策略与措施，可以有效预防潜在的安全风险，并妥善处理已经发生的安全事件。这一过程的最终目标，是营造一个稳定、和谐且团结的校园环境，从而最大限度地降低学生在人身和财产方面所面临的风险。

在预防阶段，构建一套完善且健全的制度保障体系至关重要。这包括优化现有的应急事件处理预案，以确保在面对各种紧急情况时，能够迅速且有效地采取行动。同时，还需要执行一系列预防措施，如加强安全宣传教育、提升师生的安全意识等，以进一步巩固校园的安全防线。

当安全事件不幸发生时，管理者需立即采取行动，消除校园内的不稳定因素，并调解处理校园内部的矛盾与纠纷。此外，还需积极协助处理与校园相关的各类安全事件和重大安全事故，确保事态不会进一步恶化。在此过程中，对于违纪学生，应给予适当的批评教育，以引导他们认识到自己的错误并改正。

在处理完安全事件后，恢复阶段同样不容忽视。管理者需迅速组织力量修缮受损的基础设施，确保校园秩序能够尽快恢复正常。同时，还应表彰在处理安全事件中表现突出的部门或个人，以激励更多人积极投身于校园安全工作。此外，还需总结经验教训，对处理流程进行优化，以便更好地应对未来可能发生的挑战，为完成后续的安全管理任务奠定坚实的基础。

学生安全管理在高校环境中展现出了其独特的复杂性与重要性。作为孕育专业人才、激发科技创新活力、传授学术智慧以及服务社会经济政治发展的核心阵地，高校所承载的独特使命进一步凸显了安全管理工作不可或缺的地位。大学生群体来自五湖四海，其安全观念深受地域文化背景的影响，呈现出鲜明的地域差异性，这为安全管理带来了巨大的挑战。

尽管大学生在生理层面已趋向成熟，但在心理发展层面，他们仍处于不断完善的过程中，对于网络欺诈等新型违法行为的辨识与抵御能力相对较弱，容易成为不法分子的目标。此外，大学生在脱离父母或法定监护人的直接监管后，其日常行为的自由度显著增加，这在一定程度上使他们更容易作出冲动决策，增加了安全风险。

由于大学生群体普遍缺乏丰富的社会经验，他们在处理日常事务时往往难以做到周全考量，行事时容易忽视潜在后果，这进一步加剧了安全管理工作的难度。因此，高校在构建学生安全管理体系时，必须充分考虑这些因素，采取有针对性的措施，以确保学生的身心健康与安全。

学生安全管理不仅具备特殊性，还蕴含着不容忽视的强制性特征。在实施安全管理的过程中，高等学校作为国家教育体系的重要组成部分，必须无条件地遵循国家颁布的安全管理规章制度，这是确保校园安全稳定的前提。同时，鉴于各高校的实际情况千差万别，学校还需在遵循国家法律法规的基础上，结合自身的独特性与实际需求，制定出符合本校特色的安全管理规章制度，以实现更为精准有效的安全管理。

面对校园内发生的各类危险事件，高等学校需依据事件的严重程度与性质，对涉事的行为主体给予相应等级的处分。在处理过程中，必须秉持公平、公正的原则，确保处分的合理性与合法性。对于情节尤为严重者，应毫不犹豫地依法依规进行处理，以彰显校园安全管理的严肃性与权威性，从而确保整个安全管理流程的有效性与公信力，为构建安全、和谐、有序的校园环境提供坚实保障。

（一）高校学生安全类别

1. 人身与心理健康安全

人身安全，作为高校学生安全管理工作的重中之重，其地位与重要性是显而易见的。无论是突如其来的疾病，还是难以预料的意外伤害，这些突发事件往往会给学生及其家庭带来沉重的打击，甚至是无法挽回的损失。对于学生而言，一旦遭受伤害，尽管在学校看来可能只是众多学生中的个别案例，但对于学生家庭来说，却是百分之百的沉重打击和无法弥补的伤痛。因此，高校在保障学生人身安全方面肩负着不可推卸的责任，必须时刻保持高度的警觉性和责任感。

当前，随着交通出行的日益便利，学生的日常生活也变得更加丰富多彩。周末及假期期间，外出游玩、购物等活动成为学生的热门选择。然而，这也使交通安全问题逐渐显露出来，成为高校安全管理中亟须面对的一大挑战。为了有效应对这一挑战，高校不仅要加大对学生交通安全教育的力度，通过举办讲座、发放宣传资料等方式，提高学生的交通安全意识和自我保护能力，还要积极采取多项措施，如优化校园周边的交通环境、加强对学生出行方式的引导和管理等，从源头上降低交通事故的风险，为学生的出行安全保驾护航。

与此同时，心理健康安全同样是高校学生安全管理中不可或缺的一环，其重要性不容小觑。在面临学业负担、就业前景以及复杂的人际关系等多重压力之下，高校学生往往容易陷入焦虑、抑郁等心理困境之中。针对心理问题的发生，学校不仅要求学生必须参与城镇居民医疗保险，以此作为防范健康风险的最后一道屏障，而且还要积极倡导学生自愿投保意外伤害险与校园责任险，以便在安全事件发生时能够为学生提供更为全面的保障。

除此之外，高校还需进一步强化心理健康指导服务，通过设立专业的心理咨询机构，配备经验丰富的心理咨询师，为学生提供及时、有效的心理咨询与辅导。这些举措旨在帮助学生树立正确的心理观念，提升他们的心理调适能力与抗压能力，从而确保学生在身体和心理两方面都能保持健康状态。这样一来，不仅能够让家长对孩子在校的生活更加安心，同时也能够让社会对高等教育的质量与安全水平更加放心。

2. 财产与网络安全

随着财产与网络安全问题日益加剧，现有大学生管理体系中的不足与漏洞愈发凸显出来。单纯依赖事后补救的策略，显然已难以满足当前复杂多变的安全需求。网络诈骗案件不仅数量居高不下，而且呈现出持续攀升的态势，对学生的财产安全构成了日益严峻的威胁。

与此同时，学生分期消费、网贷等与校园网络安全问题之间也存在着千丝万缕的联系。部分大学生在虚荣心的驱使下，盲目追求高档消费品，不惜通过分期或贷款的方式来实现消费愿望。然而，这类贷款往往伴随着高昂的利率，给学生带来了巨大的还款压力。一旦学生陷入无力偿还的困境，不仅可能面临个人隐私信息被泄露的风险，甚至可能进一步威胁到他们的人身安全。这种因盲目消费而引发的恶性事件，对学生的心理健康和日常生活造成了深远的影响，甚至可能导致一些不可预知的后果。

鉴于此，高校必须高度重视财产与网络安全教育，将其纳入学生日常教育的重要范畴。通过加强宣传教育，在引导他们理性消费的同时提高学生的防范意识和自我保护能力，确保他们在面对各种财产与网络安全风险时能够作出明智的选择和判断。只有这样，才能为学生的财产和网络安全提供坚实有效的保障，为他们的成长和发展创造一个更加安全、稳定的环境。

3. 校园设施与环境安全

随着后勤服务社会化改革步伐的不断加快，校园内诸如食堂等后勤保障服务部门所承受的安全管理压力正与日俱进。作为校园餐饮服务的核心组成部分，食堂的食品安全与卫生标准历来都是社会各界关注的焦点。然而，近年来，随着学生群体消费观念的转变以及饮食习惯的多元化发展，外卖、校外小型餐馆及流动摊贩逐渐成为学生的热门选择。

这些小型餐饮服务商以其灵活的经营模式和丰富的菜品选择，在一定程度上满足了学生对于餐饮多样化的需求。然而，这些服务商的管理水平参差不齐，加之监管难度大，导致食品安全与卫生问题频发，给校园安全管理带来了诸多新的挑战。一方面，学生因食用校外不安全食品而引发的健康问题时有发生，严重威胁到了学生的身体健康；另一方面，这些食品安全问题的频发也进一步加剧了校园安全管理部门的压力，迫使其不得不投入更多的精力和资源来加强校园餐饮安全的监管与防控。

因此，如何在保障学生多样化餐饮需求的同时，确保校园餐饮服务的食品安全与卫生标准，成为当前校园安全管理领域亟待解决的重要课题。

4. 交通与校外活动安全

作为社会构成中的一个重要群体，学生在日常出行中必须严格遵守交通规则，高度重视校园内外所面临的交通安全问题。为了有效提升学生的交通安全意识，高校应当承担起教育引导的责任，通过组织丰富多彩的交通安全教育活动，如采取专题讲座、宣传栏展示以及网络在线课程等多元化形式，向学生普及交通安全知识，使他们深刻认识遵守交通规则的重要性。

此外，高校还应积极寻求与地方政府及交通管理部门之间的协同合作，共同致力于改善校园周边的交通环境。具体而言，可以通过增设醒目的交通标志、优化信号灯配置等措施，进一步规范校园周边的交通秩序，减少潜在的安全隐患。同时，高校还可以与交通管理部门联合开展交通安全宣传活动，共同营造浓厚的交通安全氛围，从而为学生提供一个更加安全、有序的出行环境。通过这些举措的实施，不仅能够有效提升学生的交通安全意识，还能够为构建平安校园、和谐社会贡献积极力量。

校外活动的安全保障同样是一个不容忽视的重要议题。随着学生课余时间的丰富和兴趣爱好的多样化，越来越多的学生选择参与各类校外活动，以期拓宽视野、增长见识。因此，学生在校外活动中面临的各种安全风险也随之增加，这就要求高校必须采取更加全面、有效的措施来确保学生的安全。

在活动开展之前，高校应对学生进行详尽的安全教育，不仅要向他们全面警示可能遇到的各种风险，还要传授相应的应对技巧和防范措施，以提升学生的自我保护能力。在活动进行过程中，高校应安排具有责任心和专业能力的安全监管人员，全程负责活动的安全监管工作，确保学生能够严格遵守活动规则，从而有效避免意外事故的发生。

此外，为了进一步完善校外活动的安全保障体系，高校还应着手建立健全校外活动安全管理制度。这一制度应明确各级责任主体的分工与职责，确保在安全监管、应急处置等方面形成合力，共同为学生的校外活动安全保驾护航。只有这样，学生才能在享受校外活动带来的丰富体验和乐趣的同时，使自己的身心健康和安全得到充分的保障。

（二）影响高校学生安全的因素

1. 制度建设因素

（1）大学校园安全管理领域的法律法规体系亟待进一步健全与优化。随着法治化建设步伐的不断加快，法律已成为维护社会稳定与和谐的关键基石，发挥着日益重要的作用。法治体系的建设历程是一个由初步奠基到逐步细化、深化的动态过程，尽管目前已取得了显著进展，但仍面临着诸多亟待解决的问题。

在高校管理范畴内，尤其是“安全管理”这一关键环节，当前法律法规的覆盖面尚存在空白与不足。由于法律法规的缺失，在一定程度上制约了高校校园安全治理能力的充分发挥，成为阻碍其实现预期治理效果的重要因素。具体而言，由于缺乏全面、具体的法律法规指导，高校在应对各类安全事件时可能面临法律依据不足、处置措施不够明确等问题，进而影响了安全管理的效率和效果。因此，为了切实提高大学校园安全管理水平，必须加快建设相关法律法规体系，为高校安全治理提供坚实的法治保障。

（2）大学校园安全管理体系不足之处明显，亟须进行全面的优化与升级。确保系统性安全工作的顺利推进，离不开科学严谨且切实可行的规章制度的坚实支撑。在校园管理的宏观框架中，规章制度扮演着至关重要的角色，它如同基石一般，稳固地支撑着整个管理体系，广泛而深入地涵盖了教师、学生以及所有工作人员，充分体现了管理制度的全员参与以及权责划分清晰明确的特性。

一套健全且完善的校园安全管理制度，是构筑起保护各主体生命财产安全的坚固防线，其重要性不言而喻。它不仅为学生群体提供了清晰明确的行为准则与公正无私的奖惩体系，引导他们在校园生活中规范自身言行，同时也为教职员工确立了严格且统一的管理标准，促使他们在履行职责的过程中严格遵守规章制度，共同维护校园的和谐稳定与安全有序。通过不断优化与完善校园安全管理制度，有望构建一个更加安全、更加和谐的校园环境，为师生的学习与生活提供有力保障。

2. 队伍建设因素

高校安全事务的切实执行者——校园安全团队，在很大程度上对校园安全措施的实施品质与效果起着决定性作用。正因如此，校园安全队伍的建设状况不仅对大学生安全观念的培养具有深远的影响，而且也是保障大学生安全不可或缺的核心要素。

具体而言，一个专业、高效的校园安全团队能够通过其日常的工作表现与示范作用，有效引导大学生树立正确的安全观念，增强他们的自我保护意识。同时，校园安全队伍在应对各类突发事件时展现出的专业素养与应急能力，更是为大学生提供了坚实的安全保障，使他们能够在遇到危险时及时获得有效的帮助与支持。因此，加强校园安全队伍的建设，不仅是提高校园安全管理水平的关键所在，也是确保大学生安全、促进其健康成长的重要手段。

3. 互联网因素

互联网的迅猛兴起，犹如一股势不可当的潮流，深刻地重塑了学生的学习方式与生活状态。在这个信息如潮水般涌动的时代，学生能够轻松便捷地通过“网络”这一平台，获取到海量且多样化的学习资源，从而极大地拓宽了他们的知识视野，促进了个人认知的全面发展。然而，我们也必须清醒地认识到，网络如同一把双刃剑，在带来诸多便利的同时，其潜在的负面影响也不容忽视。

学生在享受网络带来的便捷与高效的同时，也不可避免地会遭遇到形形色色的社会负面信息。这些信息可能涉及暴力、色情、虚假宣传等多个方面，对学生的身心健康构成了一定的威胁。因此，如何引导学生正确、理性地使用网络，既能充分利用其提供的丰富资源，又能有效规避其带来的不良影响，成为当前教育领域亟待解决的重要课题。

此外，网络所具备的高度共享特性、隐匿性质、自由氛围以及开放态度等多重属性，为不健康内容的肆意蔓延提供了肥沃的土壤。这些负面信息犹如潜藏的毒瘤，悄无声息地侵蚀着大学生的精神世界。大学阶段，正值学生构建科学世界观、积极人生观以及正确价值观的关键时期，此类有害信息的渗透极易对他们的既有认知体系造成剧烈冲击，进而对其身心健康带来深远的负面影响。因此，网络安全问题已然成为制约大学生安全管理成效的核心要素，其重要性不容忽视。

在高校学生管理工作中，必须将网络安全教育置于至关重要的位置，着力提高学生的网络素养水平，强化他们的自我保护意识与能力。与此同时，还需着手构建一套完备的网络安全管理机制，加大对网络环境的监管与治理力度，以期为大学生营造一个安全无忧、健康向上的网络空间。通过这些举措的实施，有望为大学生的全面发展提供坚实的保障，助力他们在网络时代中稳健前行。

二、构建高校学生安全管理机制的策略

大学生安全管理的范畴颇为宽泛，涵盖诸多方面。通过不断精进管理机制，我们能够推动学生安全管理流程与标准的持续优化与革新，从而切实增强安全管理工作的整体效能。在这一过程中，不仅要注重安全管理体系的精细化运作，还要致力于探索更为高效、科学的管理手段，以期在保障学生安全的同时，不断提高安全管理工作的质量与水平。如此一来，大学生安全管理的综合能力将得到显著提升，可为学生的健康成长与全面发展提供更为坚实的保障。

（一）建立信息共享与联防联动机制

构建高校学生安全管理机制的首要之务在于构建一套完善的信息共享机制。此机制的核心要义在于搭建起一座信息互联互通的桥梁，打破高校内部各部门间的壁垒，驱动工作模式的创新与升级。该机制要求高校充分利用先进的信息技术手段，强化部门间的信息流通效率，以实现信息的即时共享与高效利用。在实践层面，高校可采取定期或灵活的方式组织召开学生安全管理工作联席会议，为各部门间的深入交流与协作搭建起稳固的平台。与此同时，通过不断提高高校整体的信息化水平，为信息的顺畅沟通与高效协作提供强有力的技术支持，从而确保信息共享机制的有效运行。

在此基础上，进一步构建协同防御体系显得尤为重要。这一体系的构建需要将校园内部的沟通机制与校园外部的联动机制紧密结合，共同搭建一个严密的预防与控制网络。校园外部的联动机制涵盖了公安、消防、医院、家庭等多个关键领域。在这一框架下，高校应主动担当起领导者的角色，积极协调各方资源，形成合力，共同推进学生安全管理工作的深入实施。通过构建一个紧密衔接、高效协同的防御网络，可为提升管理工作的实效性

奠定坚实的基础，从而更有效地保障学生的安全与健康。

（二）突发事件应急管理机制

突发事件应对能力是学生安全管理体系中不可或缺的关键要素，对此必须给予高度的关注与重视。鉴于突发事件的不可预知性与突发性，它们常常在学生管理的薄弱区域显露出来，对学生的安全造成了极大的潜在威胁。在突发事件的管理实践中，管理者需将管理的焦点前置于事件可能发生之前，着重强化风险识别与评估、应急预案的策划与制定等一系列核心环节，以确保在面对突发事件时能够迅速、有效地采取应对措施。

管理者应建立一套完善的风险识别机制，通过持续监测与分析潜在的安全隐患，及时捕捉到可能引发突发事件的风险信号。在此基础上，制定详尽且可行的应急预案，明确各部门与个体的职责分工，以及应对突发事件的具体流程与措施。通过这些举措的实施，能够显著提高学生的安全管理水平，确保在面对突发事件时能够有条不紊地进行应对，最大限度地保障学生的安全。

此外，在常规的安全管理实践中，确保突发事件应急管理工作顺利进行的核心在于构建高效的信息共享与联动响应机制。因此，高校亟须构建一套完备的安全风险信息搜集与深度分析体系，精心设计并定期组织安全预案的演练活动，以显著提升其应对各类突发事件的综合能力。在实际应对突发事件的过程中，高校需将焦点聚集于具体问题的快速解决上，并高度重视对舆论动态的严密监控与积极引导，以防止不实信息或负面舆论的扩散对学生群体造成不良影响。

紧急事件妥善处理完毕后，高校应立即将工作重心转移至师生的心理健康关怀及其他后续工作的妥善安排上。通过深入分析事件原因，认真总结经验教训，及时发现并弥补学生安全管理体系中存在的薄弱环节，以确保整个安全体系能够持续平稳、高效地运行。这一系列举措的实施，不仅有助于提升高校应对突发事件的能力，更能为学生营造一个更加安全、稳定的校园环境。

（三）加强管理人才队伍建设机制

在当前高校学生安全管理的形势下，打造一支高素质的管理人才队伍已成为亟待解决的关键问题。我们需深刻认识到，管理人才队伍的规模扩充、专业素养提升以及整体结构的优化，对于强化学生安全管理具有至关重要的作用。因此，必须积极探索并革新管理人才的培养模式与路径，实现人才队伍的全面升级。

高校应着手实施一系列针对性强、实效性高的教育与培训项目，旨在全面提升管理人才的综合能力与专业素养。这些项目应涵盖理论知识的学习、实践技能的锻炼以及综合素质的培养等多个方面，以确保管理人才能够具备应对复杂安全挑战所需的各项能力。同时，还应适当提高对学生安全管理工作所需人才的具体要求，明确其应具备的知识结构、技能水平以及职业素养等标准，从而为管理人才的选拔与培养提供明确的导向。通过这些举措的实施，有望构建起一支规模适当、结构合理、素质优良的管理人才队伍，为高校学生安全管理工作的顺利开展提供坚实的人才保障。

在探索人才培养的新途径与教育方法革新的过程中，高校应当充分依托自身的人力资源储备与专业领域的深厚积淀，主动寻求与专业机构建立稳固且持久的合作关系。通过采取诸如委托培养在内的多元化手段，致力于全方位地增进学生安全管理人才队伍的综合素质与业务能力。与此同时，高校还应积极拓宽社会资源的利用渠道，精心组建一支由安全管理领域的兼职专家构成的辅助队伍，以期在更大程度上提高管理人才的专业技能与实践水平。

高校可依托自身的学术优势与师资力量，与专业机构共同设计并实施一系列针对性强、实效性高的培训项目，为学生安全管理人才提供丰富多样的学习资源与实践机会。此外，通过吸纳具有丰富实践经验的安全管理兼职专家，不仅能够为学生带来更为贴近实际的教学内容，还能够促进管理团队内部的知识共享与经验交流，从而在整体上推动管理人才队伍的快速成长与持续发展。这一系列举措的实施，将为高校培养出一批既具备扎实理论基础又拥有丰富实践经验的安全管理人才，为校园安全管理工作的高效开展提供坚实的人才支撑。

在确立岗位人员的任用标准方面，适度提升选拔标准对于优化学生安全管理队伍的整体构成及提升专业涵养具有积极作用。故而，需全面审视学生安全管理的实际需求，精确界定所需人才应当具备的岗位胜任力与专业素养构成。基于这一明确的标准框架，开展辅导员等安全管理岗位人员的招募甄选以及绩效考核评价工作，确保所引进与培养的人才其专业素养能够精准对接实际需求，实现人才与岗位的高度匹配。

选拔过程中需细致分析学生安全管理工作的特性与要求，提炼出关键的能力要素与专业知识领域，作为选拔与考核的核心依据。通过科学严谨的人才测评手段，全面评估应聘者的专业能力、实践经验以及应对复杂安全挑战的能力，从而确保所选拔的管理人才不仅具备扎实的理论基础，更拥有解决实际问题的能力，为学生安全管理工作的顺利开展提供坚实的人才保障。

（四）建立健全管理工作考核评价机制

在构建学生安全管理综合性评估体系时，其核心要点在于科学合理地设定评估基准、持续优化评估手段，并高效地运用评估所得成果。评估基准的构建需细致地将学生安全管理的各阶段目标进行拆解与细化，这一举措不仅确保了评估工作与实际情况的紧密贴合，还极大地提升了评估结果的实际参考价值，为后续的管理改进策略探索指引了明确的方向。

评估基准的细化过程需深入剖析学生安全管理的各个环节，明确各阶段的具体目标与预期成效，以此作为评估工作的出发点与落脚点。通过这一方式，评估工作能够更为精准地反映出学生安全管理的实际状况，为管理者提供翔实、可靠的数据支持。同时，对评估方法的不断改进，如引入先进的数据分析技术、采用多元化的评估视角等，能够进一步提升评估工作的准确性与全面性。最终，通过高效运用评估成果，管理者可以更为清晰地识别出管理过程中的优势与不足，为制定针对性的改进策略提供有力依据，从而推动学生安全管理水平的持续提高。

在构建评估标准体系时，需充分融入师生个体的主观感受，诸如他们对校园安全氛围的直观认知与体验等，以全面反映安全管理的实际效果。在探索评估方法的创新路径上，应积极推动评价主体与手段的多元化发展，涵盖上级教育管理部门、校园安全管理机构、被管理的学生群体以及独立的第三方评估组织，以此来确保评估工作的客观公正与全面公平。

对于评估结果的有效运用，则要求高校将实际评估成果与预设的安全管理目标进行深入对比与分析，通过细致的统计分析来精准识别存在的问题与不足。同时，将评估结果作为人才评价与选拔的重要参考依据，通过科学的评估机制来优化管理队伍的结构与质量，从而最大限度地发挥评估工作的实际效益，推动高校学生安全管理工作向更高水平迈进。

三、高校学生安全管理的创新策略与对策

（一）学生安全意识教育的创新策略

学生安全管理的模式构建应立足于一个多元主体协同互动的框架之中，其核心精髓在于主动吸纳并促进安全目标的广泛参与。通过不断深化学生的参与度，实施一种自上而下与自下而上相结合的联动策略，旨在全面增强学生的安全警觉性与自我保护意识。在这一过程中，应着力推动安全教育工作的创新与发展，力求使安全教育迈上一个崭新的台阶，实现质的飞跃。

构建多元互动的安全管理模式，需注重各参与主体间的沟通与协作，确保安全目标能够得到有效传达与积极响应。通过提升学生的安全参与度，不仅能够激发他们的安全责任意识，还能够促进安全管理工作的深入开展。同时，实施上下联动的策略，能够确保安全管理措施得到有效执行，形成一股强大的合力。在此基础上，通过不断创新安全教育的内容与形式，使其更加贴近学生的实际需求，从而有效增强安全教育的效果，为学生的全面成长与发展提供坚实的安全保障。

1. 开展互动式安全教育活动

从安全教育实施主体的视角出发，首要关注的是参与者的维度。安全管理对象的直接

涉足与积极参与，对于增强安全教育的实际效果具有显著作用，同时也有助于减少信息传递过程中的阻碍与误解。在实施安全教育之前，有必要对学生进行一次全面而深入的调研，借助大数据平台的力量，精确捕捉学生在安全领域内的真实需求，以实现安全教育供给与需求的有效对接。通过向学生展示真实发生的案例素材，不仅能够传授给他们必要的安全知识，还能够培养他们的危险识别与防范能力。此外，各类应急自救技能的演练也需学生的亲身参与，如实际操作干粉灭火器、正确触发报警装置、掌握地震发生时的避险姿势、学习火灾现场的自救技巧等，这些实践环节将全方位地增强学生的安全意识与提升自我保护能力。

另一重要维度是管理者层面。学生安全管理工作是一项系统工程，需要全体成员的共同努力与参与，这包括但不限于学校保卫部门、学生工作部门等管理职能机构，以及任课老师、辅导员等教学管理人员，还有宿管老师、家长等生活管理人员。学生安全管理工作并非某个单一部门或个别人员的责任，而是需要这些不同管理层面的人员共同协作，共同面对问题，携手分析与解决。在此基础上，协同制定安全教育制度，明确安全教育任务的具体分工，确保职责清晰，并设立备选人员以应对人员变动，有针对性地推进安全教育的各个板块，从而形成安全教育齐抓共管、全员参与的新格局。

此外，学校还应定期与学生家庭保持沟通，通过有效的家校合作机制，确保双方都能充分了解并掌握学生在校园内外的学习、生活状态、心理状态以及实际需求，为学生的健康成长与安全生活提供全方位的保障。

2. 正确把控社会安全形势

对于学生群体而言，其对社会整体局势的认知往往缺乏足够的深度与广度。他们倾向于依赖网络这一单一渠道来获取社会的安全状况信息，这种信息获取方式可能会增加他们轻信不实信息或作出错误判断的风险，进而引发一系列心理上的波动与行为上的不当反应。当前大学生群体中独生子女占比较大，他们的成长经历相对单一，且普遍缺乏社会实践与经验积累，这在一定程度上导致他们在安全防范方面的意识较为薄弱。

鉴于此，学校需紧密结合当前社会的实际情况，采取切实有效的措施来增强学生的安全意识，这一任务已经成为当前安全管理工作中不可或缺的一环。通过深入分析社会安全形势，结合学生的特点与需求，学校可以设计出更具针对性的安全教育内容与形式，以帮助学生建立正确的安全观念，提升他们应对各种安全风险的能力。同时，学校还应加强与学生家庭的沟通与合作，共同营造一个安全、健康、和谐的学习与生活环境，为学生的全面发展提供坚实的保障。

（二）构建学生安全管理共建共治格局

基于协同学理论的解析框架，安全管理主体的形成是在一个多元化合作与协同的背景之下逐步显现的，其核心精髓在于凸显各管理主体间的紧密配合与协同增效效应。与此同时，高校安全管理目标的多样性与复杂性，直接引发了管理实践中的差异化表现，这对高校安全管理工作的有效推进构成了不小的挑战。

为了有效应对这一复杂局面，应当深入挖掘并充分利用协同学理论中的社会治理视角，以此为切入点，积极推动各管理主体间的深度协作与资源整合。通过强化彼此间的沟通与协调，形成一股强大的合力，以共同实现校园安全稳定的终极愿景。在这个过程中，需特别注重构建一种平等、开放、包容的合作机制，确保各管理主体能够在相互尊重与理解的基础上，共同参与校园安全管理的各项工作。

通过各管理主体的通力合作与不懈努力，全力打造一个平安、和谐、稳定的校园环境，为学生的全面发展与健康成长提供坚实的保障与支撑。

1. 实施多元主体协同管理模式

倡导并激励学生积极践行自我管理，这不仅是其自治能力的一种直观展现，更是培养其独立性与责任感的重要途径。依托学生会、各类社团等学生自治组织，可以有效推动学生在自我教育与自我管理方面的深入发展。面对学生安全管理领域内“主体参与度偏低”这一难题，以及协同治理中资源分配不均的现状，充分发挥学生在自治管理中的积极作用，显得尤为重要与迫切。

学生会与各类社团作为学生自治的重要载体，为学生提供了一个展示自我、锻炼能力的广阔舞台。通过参与这些组织的活动与管理，学生不仅能够提升个人的组织协调与团队合作能力，还能在实践中深化对自我管理的理解与认识。同时，这些自治组织在资源整合与优化配置方面也发挥着不可替代的作用，它们能够根据学生安全管理的实际需求，灵活调配资源，确保各项安全措施得到有效落实。

为了破解学生安全管理中的主体参与度不高难题，以及弥补协同治理资源配置的不均衡问题，应当更加重视并充分发挥学生自治管理的作用。通过加强对学生自治组织的引导与支持，激发学生的参与热情与创造力，共同构建一个安全、和谐、有序的校园环境。

强化与政府职能部门之间的紧密协作至关重要。在“校园安全”这一领域，学校作为责任主体，更应主动出击，积极争取来自各相关部门的广泛支持与密切协同。因此，为了构建平安校园，营造一个安全、和谐的校园环境，高校必须不断总结过往经验，循序渐进地构建一套由多元主体共同参与、协同主管的校园安全管理体系。

多元主体协同管理机制的核心在于实现有效联动与快速响应，它可以确保在紧急情况下，各方力量能够迅速集结、协同作战，从而切实保障学生的生命财产安全，有效维护校园及其周边的治安秩序。具体而言，该机制应涵盖学校、政府职能部门、社区、家长及学生等多个层面，通过明确各方职责、加强信息共享与沟通协调，形成一股强大的合力，共同应对校园安全挑战。

在实施过程中，还应注重机制的持续优化与完善，不断总结经验教训，引入先进的管理理念与技术手段，确保校园安全管理体系的时效性与高效性。同时，通过加强宣传教育，提升学校全体师生的安全意识与防范能力，共同营造一个安全、稳定、和谐的校园环境。

2. 厘清组织架构，明确责任划分

为了达成协同治理的目标，构建一个精简高效的扁平化组织结构显得尤为迫切与重要。高校安全管理体系因其复杂性与多样性，面临着效率低下、部门间协调难度大、组织结构冗繁等一系列严峻挑战。具体而言，部门间职能重叠现象较为普遍，这不仅造成了资源的极大浪费，还严重阻碍了安全信息的有效传递与安全教育内容的顺畅普及，使学生在接收相关安全信息时遭遇重重困难，效率低下问题比较突出。

鉴于此，高校亟须对内部组织结构进行深度优化与革新，通过科学合理的部门重组或创新性的组织结构设计，力求在遵循帕累托改进原则的基础上，打破组织内部的结构性壁垒与障碍，推动各部门间的无缝对接与高效协同，从而构建起一种全新的、更加适应现代高校安全管理需求的协同治理模式。

针对以上问题提出以下解决措施：首先，应对现有部门职能进行全面梳理与评估，明确各部门的核心职责与边界，消除职能重叠与模糊地带；其次，积极推动部门间的资源整合与信息共享，建立高效的沟通协调机制，确保安全信息的准确传递与安全教育内容的有效普及；最后，鼓励创新思维与跨界合作，探索建立灵活多样的项目组或工作小组，以项目为驱动，推动各部门间的紧密协作与共同进步，为构建协同治理的新模式奠定坚实的基础。

（三）创新安全管理运行机制

建立高校学生安全管理运行机制的核心目的，在于推动各管理主体实现多元化的联合与深度的相互协作，以确保整个管理机制能够达到最优化的运行状态，并持续发挥最大效能。同时，这一机制的建立健全，不仅是衡量高校各部门在安全管理方面是否实现高效、有序运作的重要标尺，更对于全面提升学生安全管理效能、有力保障校园环境和谐稳定具有举足轻重的影响与作用。

高校学生安全管理运行机制的构建与完善，需要充分考虑各管理主体的角色定位、职责划分以及相互之间的关系协调，通过科学合理的制度设计与流程优化，促进各部门之间的信息共享、资源整合与协同行动，从而形成一个紧密配合、高效运转的安全管理网络。这一机制的建立，不仅有助于提高安全管理工作的专业化、规范化水平，还能够有效预防和应对各类安全隐患与突发事件，为学生的学习与生活提供一个安全、稳定、和谐的校园环境。

高校应当高度重视学生安全管理运行机制的建立健全工作，不断完善相关制度体系与操作流程，加强各管理主体之间的沟通与协作，共同推动学校安全管理工作的持续改进与创新发展。

1. 强化信息共享机制构建

信息共享构成了协同治理的坚固基石，它是确保各个参与主体能够获取到全面且精确信息的关键所在，也是有效融入并推动整个治理流程正常运行的前提条件。为了有效破解信息不对称的难题，并消除管理实践中存在的不统一现象，高校应当致力于进一步强化自身的信息共享能力，不断优化并拓宽信息沟通的渠道与路径。

具体而言，高校需积极构建更加完善的信息交流平台，同时引入多样化的信息交换工具与手段，以此来最大化地促进信息的共享与流通。这一系列举措的实施，不仅能够显著提升信息的透明度与可及性，还能够增强各参与主体之间的互信与合作，从而为提升协同治理的整体效能开辟出一条行之有效的途径。

综上所述，通过持续加强信息共享能力的建设，完善信息沟通的渠道与工具，高校将能够在协同治理的实践中迈出更为坚实的一步，为实现治理效能的全面提升奠定坚实的基础。

2. 健全危机应急预警体系

在遵循相关法律法规的基础上，紧密结合学校的实际情况与独特发展特色，不断完善和优化校园应急预案体系，着力加强安全队伍的建设力度，提升在应急反应和危机处置方面的综合能力，以确保能够有效应对并预防各类校园危机事件的发生。

校园突发事件应急预案的制定与实施，对于危机的快速解决具有至关重要的作用。因此，必须提前进行周密的规划与准备，通过强化安保团队的专业培训与实践演练，全面提升其反应速度与应对能力，力求在危机发生之前就能够做到防患于未然，从而最大限度地保障校园的安全与稳定。

综上所述，完善校园应急预案体系、加强安全队伍建设以及提升应急反应与处置能力，是构建安全和谐校园环境不可或缺的环节。管理者应当以高度的责任感和使命感，切实做好这些工作，为全校师生的生命财产安全提供坚实的保障。

3. 建立学生安全管理长效保障机制

通过建立健全机制体制与规章制度体系，能够为学生安全管理工作提供明确且系统的指导框架，确保各项管理活动有章可循、有据可依。在这一过程中，管理者需对学生安全管理相关问题进行全面梳理与明确规范，从而形成一套清晰、具体的学生安全应对流程。

完善学生安全管理的长效机制，不仅有助于在校园内营造一种严格、规范的安全管理氛围，还能够更有效地规范学生安全管理工作的各项细节，为应对和处理各类安全事件提供坚实的工作基础与明确的操作指南。这一机制的建立，使管理者在开展安全管理工作时能够有明确的依据可循，从而更加科学、合理地进行决策与执行，确保了学生安全管理工作的质量与效率。

完善机制体制与规章制度建设，是提高学生安全管理水平、确保校园安全稳定的重要举措。高校应当持续致力于这一领域的探索与实践，为学生创造一个更加安全、和谐的校园环境。

（四）创新安全管理保障制度

1. 改善基础设施建设

高校应当确保对安全管理专项经费的持续投入，这是维护校园安全稳定、促进长远发展的物质基础。倘若缺乏一个安全稳固的环境作为支撑，任何关于长效发展的谈论都将显得苍白无力。唯有在确保校园安全稳定的基础上，师生方能心无旁骛地投身于教学与科研工作之中，各类实践实训活动也才能够得以有条不紊地推进。

要实现学生安全稳定的目标，一套健全完善的安全设备系统是不可或缺的。这涵盖了许多方面，诸如安全基础设施设备的全面升级与优化，尤其是实现智慧校园监控系统的无死角覆盖、消防系统的全智能化改造升级，以及学生宿舍的智慧化门禁识别系统等关键安防基础设施的完整配备。在此过程中，不仅要注重硬件安防基础设施的持续完善与更新换代，也需实现全校范围内软件系统的广泛普及与深度覆盖，以确保整个安全管理体系的高效运行与协同联动。

高校在安全管理方面的投入，不仅是对硬件设施的加强，更是对软件系统的全面升级，两者相辅相成，共同构筑起一道坚不可摧的校园安全防护网。

2. 加强大数据与人工智能 AI 在安全管理中的应用

大数据作为一种前沿的数据整合与分析工具，具备高效处理海量且分散数据集的强大能力，能够从中挖掘出具有深刻价值的信息资源。在单位及个人的大数据平台前端规划过程中，应将校园安全视为一个综合性系统来统筹管理，利用特定的算法技术，精心构建与学生安全相关的子目录数据库，以实现更为精细化的安全管理。

以新浪大数据监测平台为例，该平台充分利用大数据技术的优势，实现了数据的全方位收集、高效存储与深入分析。它不仅具备基本的危机与舆情预警功能，能够及时发现并响应潜在的安全风险，而且通过构建先进的数字模型，能够对各类安全风险的发生概率进行精准预测。这种预测能力，使安全防控工作能够提前布局、有的放矢，从而极大地提高了安全管理的效能与水平。

大数据技术在校园安全管理中的应用，不仅强化了数据的收集与分析能力，而且通过构建精细化的学生安全子目录数据库，以及运用先进的数字模型进行风险预测，为校园安全提供了更为全面、高效的管理手段。

第三节　高校学生心理健康教育创新

社会环境的日益复杂与学习生活的多重压力，成为部分大学生心理健康问题频发的重要诱因，其中，部分问题甚至演化为严重的精神障碍与疾病，对学生的个人发展及周边人群产生了广泛且深远的影响。鉴于这一严峻形势，将心理健康教育深度融入高校学生管理体系之中，已成为一项刻不容缓的任务。这不仅是一项庞大而复杂的系统工程，更是一场需要持久耐力与不懈努力的长期战役，唯有通过坚持不懈的努力，方能取得实质性的成效。

在此背景下，管理者需始终保持高度的敏感性与洞察力，持续且深入地把握学生的心理动态与变化趋势，精准识别学生的实际需求与潜在问题。基于这些深入的分析与理解，管理者应着手构建一套科学合理、切实可行且具有针对性的心理健康教育运行机制，该机制应涵盖预防、干预、康复等多个层面，以全方位、多角度地促进学生的身心健康。

这一机制应致力于提升学生的心理素质与抗压能力，帮助他们树立正确的人生观与价值观，培养积极向上的生活态度与应对挑战的能力。同时，通过提供专业的心理咨询与辅导服务，及时发现并解决学生的心理问题，防止其进一步恶化。此外，还应加强校园心理健康文化的建设，营造积极向上的校园氛围，为学生的身心健康提供有力的支持与保障。

将心理健康教育融入高校学生管理体系，不仅是一项紧迫的任务，更是一项长期而艰巨的工程。管理者需以高度的责任感与使命感，持续深入地开展工作，为学生的身心健康保驾护航。

一、高校学生心理健康相关概述

个体的心理健康状态，是其心理活动协调一致性的重要体现，它涵盖了认知功能、情感体验、意志品质、行为表现以及人格特质等多个方面的和谐与平衡。这种全面而深入的协调状态，是确保个体能够顺利适应社会环境，并与社会发展的步伐保持同步的关键所在。

心理健康状态的维护，要求个体在认知层面具备清晰、准确的思维与判断能力；在情感层面，能够体验并表达丰富的情感，同时保持情绪的稳定与积极；在意志层面，展现出坚定的决心与毅力，能够克服困难、追求目标；在行为层面，个体的行为应当符合社会规范与道德标准，展现出良好的自我控制能力；在人格层面则要求个体具备完整、统一且稳定的人格特质，能够与他人建立良好的人际关系，并展现出积极的社会适应能力。

心理健康状态的协调一致性，是个体适应社会环境、与社会发展保持同步的重要保障。它要求个体在多个方面均保持平衡与和谐，以确保在面对各种挑战与机遇时，能够作出正确的决策与行动，从而实现个人的全面发展与社会的共同进步。

“心理健康”这一概念，既是对个体心理状态的一种描述性界定，也蕴含着一个持续演变与调整的动态过程。它并非一个静止不变的状态，亦不能简单地等同于完全免于压力、冲突或痛苦的理想化情境。相反，心理健康更多地体现在个体如何在平衡与失衡的不断交替中，展现出强大的自我调节能力，从而与现实环境建立起一种动态的、适应性的和谐关系。

在这个动态过程中，个体需要不断地面对并应对来自内外部的各种挑战与压力，这些挑战可能源自生活的各个方面，如学业、职业、人际关系等。面对这些压力与冲突，心理健康的个体能够运用自身的心理资源，如积极的应对策略、良好的情绪管理能力以及坚忍的意志品质，进行有效的自我调节。这种调节不仅包括对当前困境的适应性应对，更涵盖了对未来挑战的预见性准备与规划。

与现实环境的动态和谐关系也是心理健康的重要体现。这意味着个体不仅要能够顺应环境的变化，及时调整自己的心态与行为，还要能够在一定程度上主动塑造环境，以便更好地满足自身的需求与发展。这种与环境的互动过程，既是个体心理成长与成熟的重要途径，也是维护心理健康、提高生活质量的关键所在。

心理健康是一个复杂而多维的概念，它既是对个体心理状态的一种描述，也是一个持续演变与调整的动态过程。在这一过程中，个体需要展现出强大的自我调节能力，与现实环境建立起动态的、适应性的和谐关系，以实现心理健康的维护与提升。

心理健康教育的深度渗透与学生管理工作的有机融合，对于全方位增进高校学生管理的效能、促进和谐校园文化的建设发挥着重要的作用。就学生个体的身心健康而言，心理健康教育无疑占据着举足轻重的地位，它不仅是塑造学生健全心理品质的关键所在，更是提升高校整体管理效能与层次所不可或缺的核心要素。

通过深化心理健康教育，能够为学生搭建起一座通向正确自我认知的桥梁，引导他们形成积极的自我形象与自我价值观，并且学生能够更好地了解自己的情绪状态，学会有效的情绪管理技巧，从而在面对生活与学习中的压力与挑战时，能够采取积极、理性的应对策略，提升个人的抗压能力与心理韧性。

心理健康教育的深化还有助于构建更加和谐、包容的校园环境。当学生掌握了正确的情绪管理技巧与压力应对策略后，他们能够更加平和地处理人际关系，减少了冲突与摩擦，为和谐校园文化的建设贡献了自己的力量。同时，一个充满正能量、积极向上的校园环境也将反过来促进学生的心理健康发展，形成良性循环。

心理健康教育的深度渗透与学生管理工作的有机融合，是提升高校学生管理效能、推动和谐校园建设的有效途径。通过加强心理健康教育，高校不仅能够帮助学生建立正确的自我认知，提升情绪管理与压力应对能力，还能够为和谐校园文化的建设奠定坚实的基础。

（一）高校加强心理健康教育的原则

1. 目标性

在心理健康教育工作的实施过程中，目标性占据着至关重要的地位，它凸显出为这项工作确立清晰、具体且针对性强的目标的重要性，以确保能够精准发力、取得实实在在的成效。

目标性不仅要求在开展心理健康教育工作时，首先必须明确宗旨与意图，即希望通过这项工作达到何种效果，解决哪些问题，而且还要求将这些目标细化为可操作的步骤与措施，以便能够有条不紊地推进工作，确保每一项努力都能够紧密围绕目标展开，不偏离主线，不浪费资源。

目标性的确立还有助于后期对工作成效进行客观、准确的评估。通过对比实际工作成果与预设目标的达成情况，能够清晰地看到付出的努力是否取得了预期的成效，哪些方面做得好，哪些方面还需要改进，从而为后续工作的调整与优化提供有力的依据。

目标性在心理健康教育工作中具有不可替代的重要作用。它不仅是开展工作的指南针，也是评估成效的标尺，更是持续改进、不断提高工作水平的不竭动力。因此，必须高度重视目标性的确立，确保心理健康教育工作能够始终沿着正确的方向前进，取得更加显著的成效。

在针对个别学生的心理健康教育策略制定中，目标导向性原则的凸显尤为关键。当新生踏入校园之际，往往会率先执行一套全面的心理测评流程，以此作为初步把握学生心理健康概况的基础。然而，这一步骤仅仅是该项工作的起始点。辅导员，作为学生日常学习与生活中最为亲近的指导者，他们与学生之间的互动频次与质量，为学生真实心理状况的洞察提供了不可或缺的视角。

为了实现对学生心理状态的精准把握，就要将心理测评所得数据与辅导员在日常工作中对学生的细致观察及深刻理解相结合，并开展深度综合分析。这一过程不仅聚焦于测评结果的解读，更重视辅导员对学生个性化特征、行为模式及潜在需求的全面理解。通过这一综合考量，就能够更为精确地识别出可能存在心理健康困扰的学生群体，从而确保心理健康教育工作能够有的放矢，针对每位学生的独特状况，提供量身定制的帮助与支持。

这一策略的实施，不仅彰显了目标导向性原则在心理健康教育中的重要性，也体现了学校对学生个体差异的充分尊重。通过细致入微的观察与深入分析，学校能够更加精准地定位学生的需求，为他们提供更为贴切、有效的心理援助，进而促进每一位学生的心理健康成长与全面发展。

2. 主动性

在学校教育的理念体系中，主动性被置于核心地位，它倡导教育应成为一种具备预见性、策略性与目的明确性的理性行为过程。这一理念着重强调，教育不应仅仅是被动地应对学生成长中的各种问题，而应通过一系列经过深思熟虑、有序铺排的培养举措，主动地引领并促进学生的全方位发展与个体成长。

主动性理念要求教育者具备超前的眼光，能够预见学生未来可能面临的挑战与机遇，从而制定出具有前瞻性的教育策略。同时，它还强调教育的规划性，即教育者需根据学生的个体差异与成长需求，精心规划教育路径，确保每一步教育措施都能够精准对接学生的发展目标。此外，目标导向性也是主动性理念的重要组成部分，它要求教育者始终将学生的全面发展作为教育的终极追求，确保所有教育行为都能够紧密围绕这一目标展开。

在这一理念的指引下，学校教育不再是一种简单的知识传授过程，而是一种充满智慧与策略的教育实践活动。教育者需要不断地反思与调整自己的教育策略，以确保教育措施能够真正地促进学生的全面发展与成长。同时，学生也将在这一过程中，逐渐学会自我规划、自我管理与自我成长，成为具备主动性、创造力与责任感的社会栋梁。

3. 普遍性与特殊性

大学生正处在人生一个至关重要的时期，即世界观、人生观及价值观的塑造与巩固阶段。在此阶段，他们的心理发展尚未达到完全成熟的状态，加之相对有限的人生阅历与社会经验，使得他们在面对学习、生活、就业及升学等多重压力时，展现出了较弱的抗压与抗挫折能力。尤其是他们在应对这些压力的策略与经验上显得较为匮乏。

当大学生遭遇课业负担、复杂人际关系处理、就业前景的迷惘以及升学竞争的压力等应激源时，他们可能会经历一系列正常的心理应激反应，如认知上的偏差、情绪的剧烈波动以及意志力的动摇。这些反应在大学生群体中并不罕见，且往往会对他们的心理状态产生一定的影响。

为了有效应对这些应激反应，高校心理教师以及教育、管理与服务团队需要携手合作，共同为学生提供必要的心理干预与支持。通过他们的共同努力，大多数学生能够逐渐缓解或消除这些应激反应，重新找回内心的平衡与稳定。然而，仍有部分学生面临着难以得到有效疏导或解决的心理障碍。这些障碍可能源于深层次的心理问题，或是长期累积的负面情绪，它们对学生的心理健康与成长构成了潜在的威胁。因此，就需要管理者更加深入地关注学生的心理状态，为他们提供更加个性化、专业化的心理支持与帮助，确保他们能够在这一关键时期顺利成长，形成健康、稳定的世界观、人生观与价值观。

（二）大学生心理健康的标准

大学生心理健康的界定是一个涵盖广泛维度的综合性概念，它深入触及智力水平、情绪管理、意志力培养、人格特质塑造、人际关系构建以及社会适应能力提升等多个层面。这一界定不仅构成了一个理想的参照体系，为心理健康的量化评估提供了具体而明确的指标，同时也为心理健康教育实践指明了前行的方向与追求的目标。

大学生的心理特质在很大程度上与青年中期的普遍特征相吻合，然而，作为一个具备独特社会属性的群体，他们的心理状态又无法简单等同于广义上的社会青年群体。因此，在评估大学生心理健康状况时，必须采用经过严格标准化处理的量表进行测量，以确保评估结果的客观性与准确性。

值得注意的是，随着时代的不断演进和文化环境的持续变迁，大学生心理健康的评估标准也需进行适时的调整与优化。这一动态调整的过程不仅是对评估体系的完善，更是对心理健康教育实践的有效指导，旨在确保评估工作能够紧跟时代发展的步伐，准确反映大学生的心理健康状况，为他们的健康成长提供有力的支持。

二、新媒体环境下心理健康教育的特点与作用

（一）新媒体环境下心理健康教育的特点

1. 教育主体多元化与灵活性增强

大学生的生活方式彰显出鲜明的主体性特征，这就要求在构建心理健康教育的主客体关系时，应倾向于实现这种主体化的趋向，具体体现在学生角色的“主体化”转变，以及教育者趋向于“客体化”的定位上。这一转变旨在促进教育主体与教育客体之间平等性的维系，确保教育活动的均衡与和谐。

在教育者的“客体化”趋势下，教育主客体在心理健康教育活动中的相对地位更趋平等，这一变化促使教育模式从传统的“管教”“说服”和“灌输”手段逐渐向“自主”“和谐”与“引导”的方式过渡。这种转变不仅彰显了教师作为教育主体的包容性与博学多才，还极大地增强了其亲和力和感染力，使心理健康教育能够更加贴近学生的实际需求，更具吸引力和实效性。

通过这一主体化趋向的实现，心理健康教育得以在更加平等、和谐的氛围中展开，学生在教育过程中的主体地位得到充分尊重，其自主性、积极性和创造性得以激发。同时，教师的“客体化”定位也促使他们更加注重采用启发式、讨论式等互动性强的教学方法，以更加平和、引导的方式促进学生的心理健康成长。这样一来，心理健康教育不仅能够更加精准地达成预期的教育目标，还能在潜移默化中培养学生的自我认知、情绪管理和人际交往等关键能力，为其未来的全面发展奠定坚实的基础。

2. 教育活动具有网络化特征

在当今教育领域，众多传统学校教育的教学内容已经能够在新媒体教育的平台上得以复现并实现创新。新媒体凭借其技术操作层面的便捷性以及教育资源的丰富多样性，成功实施了诸多传统学校教育难以触及的教学内容，这一成就充分彰显了新媒体在教育领域发展所蕴含的深厚潜力与广阔前景。

尤其是在新媒体环境的大背景下，大学生心理健康教育的特性显得尤为突出且意义重大。新媒体成功打破了时间与空间的传统束缚，有效攻克了现实教育环境中因时空局限而

引发的诸多难题。相较于传统教育模式下必须在固定场所与特定时间段内开展教学活动的限制，新媒体的引入使教育活动得以摆脱这些束缚，实现了教育时间与空间的灵活性与延展性。

通过新媒体平台，大学生心理健康教育不仅能够随时随地地进行，还能够充分利用多样化的教育资源与交互手段，为学生提供更加个性化、高效化的心理支持与引导。这种教育模式的革新，不仅提升了教育的实效性与覆盖面，更为大学生的心理健康成长提供了强有力的支持与保障。

3. 教育方法呈现现代化趋势

大学生心理健康教育在运作模式上实现了对传统教师课堂讲授书本知识框架的超越，颠覆了学生被动接受心理咨询的固有方式。借助新媒体技术的强大功能，学生的主动性被充分激发，教育过程实现了从单向灌输到双向互动交流的深刻转型。这种转变不仅体现在教育形式的革新上，更在于它促进了新媒体心理健康教育与课堂教育的深度融合，共同诠释了互动、平等、和谐的教育真谛。

在教育方法层面，人们深刻认识到新媒体对大学生生活环境的全面渗透及其对学生产生了广泛而深远的影响。基于此，要积极采取引导策略，深入剖析新媒体环境下大学生的心理特征与需求，精心设计符合时代特点与学生实际的教育内容与形式。通过新媒体平台，搭建起师生间平等对话与深入交流的桥梁，鼓励学生主动参与心理健康教育活动，形成积极向上的心理品质与社会适应能力。这一系列的创新实践，不仅丰富了大学生心理健康教育的内涵与外延，更为其长远发展奠定了坚实的基础。

（二）新媒体在心理健康教育中的作用

1. 有利于提高心理健康教育的吸引力

当代大学生作为新生代的代表，天生具备对新鲜事物的高度敏锐性和探索欲，是新媒体平台上频繁活跃的群体。新媒体以其多样化的便捷服务，成功地满足了大学生在日常生活与学习中广泛的信息需求，成为他们获取信息的重要渠道。

在这一背景下，将大学生心理健康教育与新媒体平台相结合，不仅具有显著的时代意义，而且能够发挥新媒体的独特优势。通过新媒体平台，可以高效、精准地传递心理健康知识，极大地减轻了传统课堂教学的负担，使教育内容更加丰富多彩、形式更加灵活多样。同时，这种教育方式更加贴近大学生的接受习惯与兴趣点，易于被他们接纳与认可，从而在实现知识传递的同时，也达到了寓教于乐的教育效果。

利用新媒体平台开展大学生心理健康教育，不仅能够满足大学生学习的信息需求，提升教育的实效性与吸引力，而且有助于培养大学生良好的心理素质与自我调适能力，为其全面发展奠定坚实的基础。

2. 有利于增强心理健康教育的灵活性和多样性

传统教育教学模式往往呈现出较为单一的特性，难以充分激发大学生学习的兴趣与热情，从而在一定程度上制约了心理健康教育成效的发挥。然而，随着互联网平台的蓬勃兴起，大学生心理健康教育迎来了前所未有的发展机遇。

依托互联网平台，能够更加高效地实施“个性化定制”的教学模式，无论是“一对一”的精准辅导，还是“一对多”的广泛传播，都能得以实现。这种教学模式不仅满足了大学生对于个性化学习的迫切需求，而且极大地提升了心理健康教育的针对性与实效性。

此外，互联网平台还为心理健康教育知识的普及提供了更为广阔的舞台。通过持续发布心理健康相关的深度文章，能够向大学生传递更为全面、系统的心理健康知识，帮助他们建立起正确的心理健康观念。同时，社交媒体的出现更是为心理健康教育的创新提供了无限可能。借助社交媒体平台，可以创作并分享一系列吸引人、富有创意的心理健康教育短视频，以更加直观、生动的方式向大学生普及心理健康知识，进一步提升他们的心理健康素养。

3. 有利于提高大学生在现实中的社会交往能力

借助新媒体平台的强大功能，大学生能够更充分地利用现代技术手段来展现真实、多维的自我形象。在这一平台上，他们不仅有机会展示个人的才华与魅力，还能通过与同龄人的深入互动交流，进一步提升自我认知的深度与广度。

新媒体平台为大学生提供了一个开放、包容的交流环境，使他们能够在互动中不断地反思自我、理解他人，进而增强自我理解能力。同时，在参与各类线上活动、组织讨论或合作项目的过程中，大学生的组织能力也得到了有效的锻炼与提升。他们学会了如何高效地协调资源、分配任务，以及如何有效激发团队成员的积极性和创造力。

新媒体平台还为大学生提供了丰富的沟通渠道与方式。无论是通过文字、图片还是视频形式，他们都能够自由地表达自己的观点与情感，与他人进行深入的交流与探讨。这种多元化的沟通方式不仅拓宽了大学生的社交圈，还使他们在实践中能不断磨炼沟通技巧，提升沟通能力，为未来的职业发展奠定坚实的基础。

三、高校心理健康教育创新对策

在当前时代背景下，高校心理健康教育的转型升级已成为一项迫切任务，创新其教育模式更是势在必行。面对这一挑战，高校教育工作者需精准把握工作重点，充分利用新媒体技术的优势，持续推动高校心理健康教育工作的创新发展。

教育工作者应积极探索适应新时代青年特点的心理健康教育路径，这不仅是当前教育工作的重点，也是摆在他们面前的时代命题。通过深入分析新时代青年的心理特征、成长需求以及社会环境的变化，教育工作者可以更加精准地定位心理健康教育的目标与内容，进而制定出更加科学、有效的教育策略。

新媒体技术凭借其强大的信息传播与交互功能，教育工作者可以打破传统教育模式的时空限制，实现心理健康教育的广泛覆盖与深度渗透。同时，通过新媒体平台，教育工作者还可以及时获取学生的反馈意见，不断调整优化教育内容与方法，从而进一步提升心理健康教育的实效性与针对性。

（一）促进大学生心理健康自我教育能力的培养

当前，大学生群体中普遍存在着对心理健康认知不足等显著问题，这已成为制约其全面发展的重要因素。因此，增强大学生在网络信息环境中的筛选与辨别能力，激发他们对心理健康知识的浓厚兴趣，以及深化其自我教育与自我提升的意识，成为推进大学生心理健康教育工作的核心与关键所在。

教育者需要引导大学生学会在网络信息的海洋中筛选出有价值、有裨益的心理健康资源，避免受到不良信息的干扰与误导。同时，通过多样化的教育手段与途径，激发大学生对心理健康知识的探索欲与求知欲，使他们能够主动、积极地参与心理健康学习的过程。此外，强化大学生的自我教育意识同样至关重要，要鼓励他们在日常学习与生活中，不断反思自我、调整自我，形成积极向上的心理品质与行为习惯。

只有从提高网络信息筛选能力、增进心理健康知识兴趣以及强化自我教育意识等多个方面入手，才能全面、有效地推进大学生心理健康教育工作，为大学生的健康成长与全面发展提供有力保障。

1. 增强学生的新媒体素养及运用能力

心理健康教育的深入实施，既是对教育工作者综合素养的全方位检验，也是对学习者知识吸纳与内化能力的严峻考验。合理运用新媒体技术，不仅能够显著增强教育的实际效果，还能有效促进学习者个人素养的全面提升。但新媒体环境日益复杂，信息呈现出多元化、交织化的特点，也对大学生的思想观念及心理行为构成了潜在的影响。

鉴于大学生群体普遍缺乏丰富的社会实践历练，他们在面对海量信息浪涛时，往往难以有效甄别信息的真伪与价值，容易受到负面信息的侵扰。这种信息的无序冲击，不仅可能引发大学生的认知混乱，还可能对其心理状态造成不良影响，诱发一系列心理问题。因此，在新媒体环境下，如何引导大学生正确识别信息、有效抵御负面信息的侵扰，就成为心理健康教育不可或缺的一环。这不仅要求教育工作者具备高超的信息筛选与引导能力，也需要学习者不断提升自身的信息素养与心理调适能力。

在心理健康教育中，强化大学生对信息的甄别能力、精心培育其新媒体素养以及媒介运用能力，已然成为一项至关重要的任务，其地位不容忽视。通过提升大学生的信息甄别能力，能够助力他们精准地筛选出对自身成长与发展具有积极意义的信息，确保所接收的信息质量与教育者所传递的信息保持高度一致，这一举措对于深化心理健康教育内容的理解与内化具有深远的意义。

强化信息甄别能力，意味着大学生在面对纷繁复杂的信息世界时，能够运用理性的思维与敏锐的洞察力，有效地辨别信息的真伪与价值，从而避免被误导或受到不良信息的侵害。因此，培养新媒体素养，要求大学生不仅要掌握新媒体的基本操作与运用技巧，更要具备批判性思考的能力，能够在新媒体平台上保持独立的判断力，不盲目跟风或传播未经核实的信息。而媒介运用能力的提升，则是指大学生能够灵活运用各种媒介资源，有效地表达自己的观点与情感，同时也能够积极吸收并借鉴他人的有益经验，实现个人成长与心理健康的同步发展。

强化大学生信息甄别能力、培养新媒体素养及媒介运用能力，不仅是心理健康教育工作的核心要义，更是推动大学生全面发展、提升其社会适应能力的关键所在。

2. 强化大学生的自我教育意识和自我调控能力

在大学生心理健康教育的进程中，引导其构建正向的自我认知体系是一项至关重要的任务。这一体系使大学生能够进行精确且全面的自我评价，使他们能够正视由自我认知所引发的各类情感体验，并迅速且恰当地调整自身的心理状态与行为模式。正向的自我认知不仅为大学生提供了行为上的指引与规范，使他们在面对各种情境时能够作出更为理性与成熟的决策，而且还为教育者提供了一个深入了解大学生心理动态的窗口，使教育者能够更为敏锐地捕捉到大学生的心理变化，从而及时采取有效的干预措施。

正向的自我认知使大学生在面对成功与挫折时，能够保持一种平和与理性的心态，既不过分骄傲自满，也不轻易陷入自我否定的泥潭。它使大学生能够更加客观地审视自身的优点与不足，制订出更为合理且可行的个人成长计划。同时，当大学生遇到心理困扰或情绪波动时，正向的自我认知能够帮助他们迅速识别并调整自身的心理状态，避免情绪问题的累积与恶化。

引导大学生建立积极的自我意识，不仅是心理健康教育的重要目标之一，也是提升大学生综合素质、促进其全面发展的重要保障。教育者应当通过多样化的教育手段与途径，帮助大学生逐步构建起这一正向的自我认知体系，为他们的健康成长与长远发展奠定坚实的基础。

在培养大学生积极自我意识时，首要且核心的任务在于引导他们实现对自我的全面且准确的认识。随着信息技术的迅猛发展，大学生获取自我认知的渠道呈现多样化的态势，然而，纷繁复杂的网络环境却如同一面多棱镜，既可以映照出多彩的自我形象，也易使他们迷失于认知的迷雾之中，难以窥见真实的自我。

教育者应当扮演好引路人的角色，积极鼓励大学生投身于丰富多彩的实践活动之中。通过实践，大学生不仅能够展现自我、锻炼能力，更能在实践中不断挖掘自身的潜能与价值，为自我认知的深化提供鲜活的素材与有力的支撑。与此同时，教育者还需引导大学生做好自我分析与总结的工作，这既是对实践经验的提炼与升华，也是对自我认知的梳理与深化。通过这一过程，大学生能够更为清晰地认识到自身的优势与不足，为后续的自我提升与成长奠定坚实的基础。

教育者应致力于拓宽大学生的实践渠道，强化其实践能力，同时引导其做好自我分析与总结，以助力大学生在复杂多变的环境中拨开认知的迷雾，实现对自我的全面且准确的认识，进而树立积极的自我意识。

在大学生心理健康教育的宏观框架内，培养大学生具备高效的情绪调控能力是一项举足轻重的任务。情绪，作为个体心理结构中的关键要素，对于大学生的心理健康状态具有深远的影响。因此，如何有效地引导大学生将那些负面、消极的情绪状态转化为积极、稳定的情绪体验，成为心理健康教育工作中的一项重要内容。

情绪管理能力的培养不仅关乎大学生当下心理状态的稳定与和谐，更是其未来面对复杂多变社会环境时，能够保持心理韧性与适应力的关键所在。通过科学的情绪管理策略，大学生可以学会如何识别、接纳并合理表达自己的情绪，进而在遭遇挫折与压力时，能够迅速调整心态，避免情绪困扰的累积与恶化。这一过程不仅有助于解决大学生当前可能存在的心理问题，更为其形成健康、稳定的心理特质奠定了坚实的基础。

培养大学生高效的情绪管理能力，不仅是心理健康教育的重要内容，更是促进大学生全面发展、提升其社会适应能力的必要途径。教育者应高度重视这一工作，通过多样化的教育手段与实践活动，帮助大学生掌握科学的情绪管理技巧，为他们的健康成长与长远发展保驾护航。

（二）创新大学生心理健康教育管理机制

在构建大学生心理健康教育体系时，建立健全一套完备的心理预警与监督机制是不可或缺的关键环节，它不仅是深入实施大学生心理健康教育工作的基石，更是有效预防大学生心理健康问题滋生的重要防线。

这一机制的建立，旨在通过全面、细致的监测与分析，及时发现大学生在心理健康方面存在的潜在风险与问题苗头，从而采取有针对性的干预措施，将问题扼杀于萌芽状态。它要求教育者具备高度的敏感性与责任心，能够运用科学的评估工具与方法，对大学生的心理状态进行持续、动态的跟踪与评估，确保心理健康教育工作的精准性与有效性。

同时，这一机制还强调了对心理健康教育过程的监督与反馈，确保各项教育措施能够得到有效执行，且能够根据实际效果进行适时调整与优化。通过构建多渠道的沟通平台，鼓励大学生积极参与心理健康教育的整个过程，及时反馈自身的感受与需求，为教育工作的持续改进提供宝贵的参考依据。

综上所述，建立完备的大学生心理健康教育预警与监督机制，不仅是开展大学生心理健康教育工作的必要组成部分，更是保障大学生心理健康、促进其全面发展的重要举措。教育者应深刻认识到这一机制的重要性，不断优化与完善其结构与功能，为大学生的健康成长提供坚实的保障。

（三）提高高校心理健康教师的新媒体素养水平

在教育实践中，教育者与大学生之间在成长背景、年龄层次乃至思想观念上的差异显著，这种差异往往导致两者之间存在一定的认知障碍，使教育者难以迅速且准确地把握大学生的思维方式与心理特征。鉴于此，提升教育者运用新媒体技术实施心理健康教育的能力，已成为当前心理健康教育工作中亟待解决的关键问题之一，其重要性不言而喻。

新媒体技术的迅猛发展，为心理健康教育提供了新的平台与手段，它使教育内容能以更为生动、直观的形式呈现，同时也为教育者提供了更为便捷、高效的沟通渠道。然而，要充分发挥新媒体技术的优势，教育者就必须不断提升自身的媒介素养与技术应用能力，学会如何运用新媒体语言与大学生进行有效沟通，如何借助新媒体平台开展多样化的心理健康教育活动。

因此，加强教育者在新媒体环境下的心理健康教育能力建设，不仅是提高心理健康教育工作效率的重要途径，更是推动心理健康教育创新发展的重要保障。教育者应不断更新教育观念，紧跟时代步伐，积极探索新媒体技术在心理健康教育中的应用规律，为大学生的心理健康成长贡献更多的智慧与力量。

（四）提升大学生心理健康教育内容的吸引力

随着互联网技术的普及，大学生这一充满活力的青年群体已深深地陷入信息传播的洪流之中。新媒体平台，凭借其与生俱来的亲近性与互动性，日益成为大学生知识学习与生活娱乐不可或缺的伴侣，对他们的生活方式、思维习惯乃至价值观念产生了深刻而长远的影响。在“心理健康教育”这一关键领域，教育工作者亟须深入挖掘新媒体平台的正向潜能，充分利用其对大学生群体的强大吸引力，以此作为创新心理健康教育内容与形式的切入点。

高校应积极探索新媒体平台在心理健康教育中的独特价值，通过精心策划与创意设计，将心理健康教育的内容以更加生动、有趣且易于接受的方式呈现给大学生。这不仅能够显著提升心理健康教育的吸引力与感染力，还能够有效激发大学生参与心理健康教育的积极性与主动性。同时，还需不断优化心理健康教育的体系结构，确保其在新媒体环境下能够保持与时俱进、持续创新的发展态势，从而更好地服务于大学生的健康成长与全面发展。

新媒体平台在大学生心理健康教育中的作用不容忽视。应充分利用这一平台的优势，创新心理健康教育的内容与形式，提升其吸引力与实效性，以构建更加完善、高效的高校心理健康教育体系，为大学生的健康成长提供坚实保障。

在当前高校心理健康教育的实践中，普及心理健康教育的基础知识，通过多样化的平台与渠道，预防大学生群体中常见的心理问题，并对已出现的简单心理困扰进行及时且有效的疏导，从而促进大学生自我意识的健康成长与全面发展。这一过程中，引导大学生树立健康的心理状态，形成正确的职业观与恋爱观，培养良好的社交技能，并掌握基础的心理调节技巧，构成了大学生心理健康教育工作的核心内容。

充分利用各类媒体与教育平台，将心理健康教育的理念与方法深植于大学生的日常学习与生活中，使他们在遇到心理困扰时，能够主动寻求帮助，运用所学知识进行自我调节。同时，通过系统的教育与引导，帮助大学生树立正确的职业观与恋爱观，使他们能够理性地面对未来的职业选择与情感生活，避免因盲目追求或不当期望而产生的心理困扰。此外，培养良好的社交能力，不仅能够增强大学生的人际交往技巧，还能够提升他们的社会适应能力，为未来的职业发展与社会融入奠定坚实的基础。

当前大学生心理健康教育的主要任务，在于通过全面普及心理健康知识，引导大学生形成健康的心理状态，树立正确的人生观与价值观，培养良好的社交技能与心理调节能力，从而为他们的全面发展与健康成长提供坚实的保障。

（五）推动心理健康教育与新媒体的深度融合

在高等教育体系中，大学生心理健康教育始终是一个持续演变且备受瞩目的议题。这一议题的动态性，根源在于时代的飞速进步与社会对学生心理健康问题的日益重视，促使人们不断审视并更新对心理健康教育的关注点与实施方法。随着新媒体时代的到来，大学生对于心理健康教育的需求与期待也悄然发生了转变，他们渴望通过更为便捷、多元且富有互动性的方式获取心理支持与信息。

为此，如何提升心理健康教育与新媒体环境的融合度与适应性，便成为当前高校心理健康教育工作中亟须解决的核心问题，也成为增强教育效果、满足学生需求的关键策略。这不仅要求教育者具备敏锐的时代洞察力，能够准确把握新媒体环境下大学生的心理特征与需求变化，还要求他们不断创新教育模式与方法，充分利用新媒体平台的优势，为学生提供更为个性化、精准且高效的心理健康教育服务。

大学生心理健康教育在新媒体时代背景下正面临着前所未有的挑战与机遇。通过提升心理健康教育与新媒体环境的适应性，不仅能够更好地满足学生的需求，还能够进一步推动心理健康教育工作的创新与发展，为培养具有健康心理与良好社会适应能力的优秀人才贡献智慧与力量。

第四节　高校学生事务管理创新

在新的历史发展阶段，针对高校学生事务管理的探索与实践，已成为高校工作中的一项重要议题。这一探索不仅对促进大学生的全面发展与健康成长具有深远的影响，而且在高等教育事业的持续进步与革新中也占据着举足轻重的地位。

高校学生事务管理的有效探索，目的在于构建一个更加科学、合理且富有创新性的管理体系，以便更好地服务于大学生的成长需求。在这一过程中，需充分考虑大学生的个体差异与多元化需求，通过优化管理流程、提高服务质量、强化教育引导等手段，为他们的全面发展提供坚实的支撑。同时，这一探索也是推动我国高等教育事业不断向前发展的重要动力之一。通过持续改进与创新高校学生事务管理，能够进一步提高高等教育的质量与水平，为社会培养更多具有创新精神与实践能力的高素质人才。

在新的发展背景下，对高校学生事务管理的有效探索，不仅关乎大学生的全面发展与健康成长，更与我国高等教育事业的持续进步与革新紧密相连。因此，高校应高度重视这一工作，不断探索与实践，以期取得更加显著的成效。

一、学生事务管理的相关概述

高校学生事务管理体系涵盖了三大核心领域，每一方面均承载着独特而重要的职责。首先是关于学生的成长辅导与个性化支持。这方面不仅致力于引导学生树立积极向上的世界观、人生观与价值观，还着重于培养其健全的心理素质与独立人格，为学生的全面发展奠定坚实的基础。

其次，日常行为规范与管理是学生事务管理的另一重要领域。此环节凸显了管理的规范性与导向性，旨在通过一系列措施，如维护良好的学习与生活环境、高效组织班级及社团活动等，来确保校园生活的有序进行，同时促进学生的社会适应能力与团队协作能力的提升。

最后，生活事务服务作为高校学生事务管理的第三大领域，充分体现了服务育人的理念。这一环节侧重于为学生提供全面、细致的生活支持，包括但不限于住宿管理、餐饮服务、健康咨询等，旨在营造温馨和谐的校园氛围，增强学生的归属感与幸福感。

随着社会的不断进步与高校管理能力的持续提升，学生事务管理正逐步向规范化、制度化与专业化发展。在这一进程中，管理者不仅要注重制度的完善与执行，更要强调以人为本的服务理念，致力于构建一个既严格有序又充满人文关怀的高校事务管理体系，使之成为推动高等教育质量提高与学生全面发展的关键力量。

（一）学生事务管理的特征

在新中国高等教育事业的蓬勃发展进程中，我们积极借鉴并引入了西方高等教育体系中的“学生事务”理念，实现了与“学术事务”的明确划分，这一举措标志着我国高等教育管理理念的深刻变革。学术事务，其核心聚焦于学生的课堂学习体验、实习实训经历以及与专业紧密相关的实践教学环节，旨在培养学生的专业知识与技能。

相对而言，学生事务则涵盖了学生在专业学习范畴之外的广泛活动，这些活动包括但不限于学生的政治思想培育、社会规范意识塑造以及个性与能力的全面发展。学生事务在大学生成长历程中不仅关乎学生个体的全面发展，更是塑造其成为具有社会责任感、良好政治素养及鲜明个性的未来社会栋梁的关键所在。

随着高等教育改革的不断深化，学生事务的重要性日益凸显。它不仅是大学生校园生活的重要组成部分，更是连接学生个体成长与社会发展需求的桥梁。高校通过精心设计与有效实施学生事务管理，可以培养出既具备扎实专业知识，又拥有良好政治素质、强烈社会责任感及鲜明个性的高素质人才，为国家的繁荣富强与社会进步贡献智慧与力量。

（二）高校要确立学生事务管理的原则

为了不断提升高校学生事务管理的品质与效能，并充分发挥其潜在的教育功能，就必须确立并遵循一套科学、合理的学生事务管理基本原则。这些原则不仅为管理工作提供了明确的指导方向，还为推动高校学生事务管理品质持续提升提供了保障。

在遵循这些基本原则的基础上，深入反思历史经验，从中吸取教训，对于构建高效、有序的学生事务管理体系至关重要。通过借鉴历史上的成功案例与失败教训，可以更加精准地把握管理工作的要点与难点，为当前及未来的管理工作提供有益的参考与启示。

构建一套完善的学生事务管理架构，是实现管理品质持续提升的关键步骤。这一架构应涵盖组织架构、职责分工、流程设计等多个方面，确保各项管理工作能够有序、高效地推进。通过不断优化管理架构，可以进一步提高管理工作的效率与质量，为广大学生提供更加优质、高效的服务与支持。

确立并遵循学生事务管理的基本原则，借鉴历史教训，并构建完善的管理架构，是高校学生事务管理品质持续提升的必由之路。在这一过程中，需要不断探索与创新，以更加科学、合理的方式推进管理工作，为培养具有社会责任感、创新精神和实践能力的高素质人才提供有力保障。

二、学生事务的理念阐述和逻辑定位

高校学生事务管理理念，作为日常管理实践活动中智慧累积与经验提炼的精髓，为相关工作的开展指明了清晰的方向。虽然在“学生工作”这一广泛领域内，无论是在国内还是国际舞台上，这一理念均展现出诸多共通性的特征，但是，我国的“学生工作”在实践中显著地融入了中国特色，形成了独具一格的管理范式。

具体而言，“学生事务理念”在此处特指那些深深根植于中国国情土壤之中，旨在适应并推动高等教育发展的管理理念。尽管国内各高校在学生事务管理的具体内容与形式上存在着一定的相似性，但在管理理念层面，却呈现出多样化的特征，这种差异不仅体现在不同高校的管理实践之间，也反映在同一高校内部不同管理者之间的理念碰撞与融合之中。

鉴于上述差异的存在，对高校学生事务理念进行深入探讨与分析显得尤为重要。这一过程不仅有助于我们更加清晰地认识和理解各高校的管理特色与优势，还能够为构建更加科学、合理且富有成效的学生事务管理体系提供有益的参考与借鉴。通过不断探索与实践，可以进一步提炼和完善适应中国高等教育发展需求的学生事务管理理念，为培养具有创新精神与实践能力的高素质人才奠定坚实的基础。

高校学生事务管理理念，尽管在表象上似乎隶属于理论探讨的范畴，呈现出一定的抽象性，然而其本质却深深扎根于高校日常管理实践的沃土之中，是实践经验、认知累积与深刻省思的结晶。这一理念，犹如一盏导向的明灯，为高校学生管理行为的航向提供了至关重要的指引，对其发展路径具有决定性意义。

进一步而言，高校学生事务管理理念不仅是理论层面的构建，更是实践操作的指南。它根植于实践，又反作用于实践，通过不断引导与规范管理行为，推动了学生管理实践的持续优化与升级。因此，对高校学生事务管理理念展开深入细致的探究，不仅能够更加清晰地把握其内在逻辑与本质特征，更能够为提升管理实践的科学性与有效性提供坚实的理论支撑与实践指导。

在当前高等教育快速发展的背景下，深入研究高校学生事务管理理念，无疑具有极为重要的现实意义与理论价值。它不仅能够促进管理实践的创新与进步，还能够为培养具有创新精神与实践能力的高素质人才提供有力保障，进而推动我国高等教育事业的蓬勃发展。

高等学府承载着为国家培育栋梁之材的重大使命，其核心在于立德树人，要始终将学生的成长置于首位。在深刻洞察中国国情的基础上，高校有责任也有能力为全球高等教育的发展贡献独具中国特色的智慧与策略。在这一宏伟愿景的引领下，高校学生事务管理应当紧密围绕办学的根本宗旨，清晰界定并积极履行自身角色，致力于成为助推学生全方位发展的坚强后盾。

高校学生事务管理需深刻理解并践行“以人为本”的教育理念，将学生的全面发展作为工作的出发点与落脚点。通过精心设计与实施一系列科学、合理的管理措施与服务项目，不仅满足学生在学业、生活等方面的基本需求，更要在思想引领、能力提升、心理健康等关键领域给予有力支持。在此基础上，高校学生事务管理还应积极探索与国际接轨的有效途径，借鉴全球先进经验，结合中国实际，不断创新管理模式与方法，为培养具有国际视野、创新精神和实践能力的高素质人才贡献力量。

高校学生事务管理在履行大学核心使命、促进学生全面进步的过程中扮演着举足轻重的角色。它不仅是连接学生与大学之间的桥梁，更是推动高等教育国际化、现代化进程中的重要力量。因此，必须高度重视并不断优化高校学生事务管理，以更加开放、包容、创新的姿态，为全球高等教育的发展贡献更多的中国智慧与中国方案。

高校学生事务管理领域应当加快步伐，积极推进国际交流与合作的进程。随着全球化及我国高等教育国际化趋势的日益显著，留学生群体在不断壮大，留学生事务管理已然成为学生事务管理体系中不可或缺的组成部分。为有效应对这一新挑战，管理团队需全面升级服务模式，不仅要在学习辅导、日常生活支持以及职业生涯规划等方面提供细致入微的服务，还需致力于构建一个包容、开放、友好的校园环境，以吸引更多国际学生选择我国作为求学目的地，从而进一步巩固并提升我国高等教育在全球教育中的竞争力与影响力。

在此背景下，为了全面提高学生事务管理的专业化水平与国际视野，众多高校正积极拓宽与发达国家高校的合作渠道。通过实施一系列富有成效的交流合作项目，如定期互派访问学者、资助学生事务管理人员赴海外顶尖学府进行研修与访学等，旨在为我国学生事务管理队伍搭建起一座通往国际先进经验的桥梁。这些举措不仅有助于管理团队深入了解并借鉴国外在学生事务管理方面的成功实践，更能够显著提升其应对教育全球化所带来的复杂挑战的能力，推动管理经验与智慧在国家间实现深度交流与共享。

高校学生事务管理领域的国际交流与合作已成为推动其专业化、国际化发展的重要驱动力。通过不断深化与拓展国际合作项目，我国高校学生事务管理队伍正逐步构建起一套既符合国际趋势又富有中国特色的管理体系，为全球教育治理贡献着中国智慧与中国方案。

三、高校学生事务管理创新对策

在当前复杂多变的教育环境下，管理者必须全面审视并深刻反思处理学生事务的策略与思维模式，深刻认识到促进大学生的全方位成长与发展是其不可推卸的责任与神圣使命。为此，需秉持一种开放包容的心态与前瞻性的视角，积极寻求并吸纳国内外其他高校在学生事务管理领域的成功范例与宝贵经验。

在此基础上，管理者应当勇于突破传统框架的束缚，不断探索与创新学生事务管理的组织架构与运行机制。通过持续不断地优化管理流程、提高服务质量，以及构建更加科学、合理且富有成效的管理体系，为学生提供一个更加有利于其全面发展的成长环境。

同时，管理者还需紧密结合本校的实际情况与发展需求，精心规划出一条既符合教育发展趋势又彰显本校特色的教育改革道路。这一过程不仅要求管理者具备敏锐的洞察力与深刻的思考力，更需其展现出坚定的决心与卓越的领导力，以引领学校不断迈向新的发展阶段，为全球高等教育的繁荣发展贡献出独特的力量。

（一）强化服务意识，贴近大学生实际需求

管理者首先应当强化自身的服务意识，确保将工作的核心聚焦于精准满足学生的实际需求之上，深刻践行“学生至上”这一核心理念，以此引领管理实践的深化与革新。在此进程中，管理者需摒弃过往那种单一的道德教化与硬性约束模式，转而采取一种更加开放、包容的管理策略，积极鼓励并支持学生进行独立思考与自我探索，对学生的个性化见解与需求给予充分的尊重与理解。

其次，管理者应深入关注学生的日常生活状态与精神层面的需求，通过细致入微的关怀与支持，助力学生实现身心健康的全面发展。同时，管理者还需致力于提升学生的综合素养与各项技能，通过提供丰富多样的学习资源与实践机会，激发学生的内在潜能，促进其全面成长。

此外，管理者应协助学生树立正确的世界观、人生观与价值观，通过正面的引导与积极的互动，帮助学生形成积极向上的人生态度与价值观念，为其未来的成长与发展奠定坚实的基础。这一系列举措的实施，不仅体现了管理者对学生个体差异的深刻认识与尊重，更彰显了其致力于推动学生全面发展的坚定决心与不懈努力。

学生事务管理领域应当持续致力于服务内容的全面优化与管理流程的精细梳理，以期在实质上提高服务效率与质量，为学生营造更加优质的学习与生活环境。还应着重强化发展性服务的供给，通过提供多元化、个性化的成长支持，为学生的全面发展与成才之路铺设坚实的基石。

管理性服务的加强亦不可忽视，它是维护校园和谐稳定、确保教育秩序井然有序的重要保障。通过建立健全管理机制与规范流程，能够更有效地应对各类管理挑战，为学生创造一个安全、有序的学习生活环境。

保护性服务作为学生事务管理的重要组成部分，其重要性同样不言而喻。管理者需时刻关注学生的身心健康状况与合法权益保护，通过提供及时、有效的援助与支持，确保每位学生都能在校园内享受到全方位的保护与关怀。

通过这一系列全面、细致且具有针对性的服务与管理措施，不仅能够推动学生事务管理工作向更加科学化、人性化的方向发展，还能显著提升其整体效能，为学生的成长成才与校园的和谐稳定贡献积极力量。

（二）加强学生干部在学生事务管理中的作用

在高校的管理架构中，学生干部是举足轻重的核心角色，他们犹如一座桥梁，紧密连接着辅导员、教师队伍与广大学生群体，对于提高日常事务管理的效能与质量发挥着至关重要的作用。学生干部的积极能动性一旦得到充分发挥，将对学生工作的整体表现产生直接且深远的正面效应。

在选拔与培育学生干部的整个流程中，学校必须坚守“广泛甄选，精心培育”的基本原则，确保选拔过程的公正性与广泛性，同时注重对学生干部的深度培养。为此，学校应积极鼓励并支持广大学生积极参与学生干部的竞选活动，为他们提供一个展示自我、服务同学的宝贵平台。通过这样的方式，学生干部的领导潜能与影响力将在学生群体中得以充分展现，进而推动学生工作的整体进步与发展。

学生干部的选拔与培育工作不仅关乎日常事务管理的效率与质量，更直接影响学生工作的整体成效。因此，必须高度重视学生干部队伍的建设，通过科学、合理的选拔与培育机制，充分激发他们的领导潜能，为高校管理体系的优化与完善贡献积极力量。

（三）简化学生事务管理工作流程

在学生事务管理过程中，必须坚守“以学生为中心”的根本原则，深入探究并准确把握学生的实际需求与期望，以此为基础，对工作流程要进行细致且具有人文关怀的改良与优化设计。在此过程中，对任务分配、工作程序以及绩效评估等关键管理环节进行全面审视与合理调整显得尤为重要。

高校应重新审视任务分配的合理性，确保各项职责能够根据学生的实际需求与管理人员的能力特点进行科学划分，以提高工作效率与质量。同时，对工作程序进行细致梳理与优化，去除烦琐低效的环节，引入更加高效且人性化的管理手段，确保管理流程的顺畅与便捷。此外，绩效评估体系的完善也是不可或缺的一环，通过构建科学、公正且能够全面反映工作成效的评估机制，激励管理人员不断提升自身素养与工作效能，确保各项管理方案既能严格满足管理要求，又能紧密贴合学生实际，从而大幅提升管理的针对性、有效性与满意度。

（四）运用网络平台优化学生事务管理

学生事务管理工作应当与时俱进，积极拥抱数字时代，充分利用网络平台来处理与发布诸如表格、文档、通知等各类信息。通过网络平台的运用，不仅能够显著提高管理工作的效率与响应速度，还能进一步增强学生的参与度与互动性，构建起一座实时沟通、紧密连接的桥梁，以便更加精准地捕捉并回应学生的多样化需求。

这一创新性的管理模式，不仅为学生提供了更加便捷、高效的服务体验，还极大地丰富了管理手段与途径，使管理者能够以更加灵活、精准的方式开展学生事务管理工作。展望未来，网络平台在学生事务管理中的应用将成为推动该领域持续进步的关键驱动力，同时也是提高高校整体管理水平与服务质量的核心战略之一。通过不断深化网络平台的建设与应用，能够为学生事务管理领域注入新的活力与动力，推动其向更加智能化、人性化的方向发展。

第五节　高校学生创业就业管理创新

保障高校创业就业教育与管理举措的有效落实，对于助力学生顺利获取心仪就业岗位具有至关重要的作用。在“互联网+”的新时代背景下，高校的教育工作必须坚定不移地秉持“以学生为中心”的核心理念，自学生初入校园之际，便需着手培育其创业就业的敏锐意识，并要致力于提升其相关的综合能力与素养。

高校还需不断革新学生管理机制，引导学生明确个人发展目标，激发其学习的内在动力与热情。在“互联网+”这一全新环境下，高校在推进创业就业教育与管理服务的过程中，需采取更为精准有效的策略，力求实现创业就业教育的广泛覆盖与深度渗透。

高校应充分利用互联网技术的便捷性与高效性，构建起一套完善且具有针对性的创业就业教育体系，为学生提供多元化、个性化的学习与实践平台。同时，通过优化管理流程、强化师生互动，确保创业就业教育的各项措施能够真正落到实处，为学生的成长与发展提供坚实有力的支持与保障。

一、高校学生就业管理概述

随着“互联网+”时代的到来，人们的职业生涯、学习历程以及日常事务的处理方式迎来了前所未有的便捷性。与此同时，人工智能与物联网技术的迅猛发展也加速推动着工作方式的自动化与智能化转型，这一趋势使各行各业对于具备创新思维与综合能力的复合型人才的需求愈发迫切。

在此背景下，创业教育与就业指导以及管理实践工作必须紧跟时代步伐，不断革新与完善。具体而言，需要对学生展开全面、系统且深入的指导，帮助他们摒弃传统且片面的就业观念，树立正确的职业观念与规划意识。同时，鼓励学生积极投身基层实践，通过实战演练来磨砺技能、精进技艺，并勇于尝试创业实践，不断探索新的商业模式与创业路径。

学校还应倡导学生树立终身学习的理念，通过持续学习来不断提升自我，以适应快速变化的职业环境与社会需求。只有这样，才能培养出既具备扎实专业技能又拥有创新思维与创业精神的复合型人才，为社会的持续发展与进步贡献力量。

在从事就业创业指导工作时，教师应当秉持一种前瞻性的教育思维，勇于探索创新，积极践行现代教育理念，全面、准确地传达国家为鼓励大学生就业创业而出台的一系列优惠政策和扶持措施，以此激发学生的内在动力，引导他们树立积极、健康的就业心态。

当前，随着信息技术的飞速发展，学生能够借助新媒体丰富多样的招聘应用程序，轻松浏览并筛选出符合自身条件的职位信息。这一变化不仅极大地拓宽了学生的就业渠道，还使他们能够在这个公正、开放、透明且信息畅通的就业环境中，对各行业的薪酬标准、岗位设置以及职业发展前景等方面形成更为清晰、全面的认知。这种认知的深化，能有效地帮助学生避免盲目求职、随意选择等不利现象，为他们的职业生涯发展奠定坚实的基础。

（一）创业就业管理的新特点

1. 时代前沿性

在“互联网+”这一全新时代背景下，高等教育机构在创业与就业教育管理领域所展现出的时代特征尤为显著。这一变革要求大学生摒弃消极等待的被动心态，转而采取积极主动的态度，努力寻找并获取令自己满意的就业岗位。与此同时，企业亦能依据自身的实际需求与人才培养战略，通过精准的人才选拔机制，遴选出与岗位高度契合的优秀人才。

高等教育机构在创业与就业教育管理中，应更加注重培养学生的创新思维与实践能力，引导他们树立正确的就业观念与职业规划意识。通过多样化的教育手段与实践平台，激发学生的内在潜能与创业激情，使他们能够在激烈的市场竞争中脱颖而出。

企业在选拔人才时，也充分利用互联网技术的便捷性与高效性，构建起了一套完善且有针对性的选拔体系。通过深入分析岗位需求与人才特质，实现人才与岗位的精准匹配，为企业的持续发展与创新提供坚实的人才支撑。

在“互联网+”的新时代背景下，学生的就业倾向与企业的招聘需求均发生了诸多显著的变化。以往依赖大量劳动力的传统密集型产业正逐渐衰退，而与之形成鲜明对比的是，由“互联网+”所催生的众多新兴行业，特别是中小型企业，正以前所未有的速度蓬勃发展。这些新兴企业不仅为市场注入了新的活力，同时也对学生的综合素质、信息技术应用能力和创新思维水平提出了更为严苛的要求。

面对这一形势，创业与就业教育管理工作必须紧跟时代潮流，不断创新与完善。一方面，要高度重视学生专业技能的培育，确保他们具备扎实的专业基础；另一方面，更要紧密关注社会及企业的人才需求动态，将就业指导工作与实际需求紧密结合，不断拓宽就业指导的路径与渠道。

在教育实践中，应积极推动学生跨学科学习与创新知识的运用，通过构建多元化的课程体系和实践平台，培养学生的综合能力和创新思维，从而彰显就业指导教育的前瞻性与实用性。同时，还应持续优化课程设置，高度关注最新的行业动态和就业趋势，帮助学生准确把握市场脉搏，为他们的未来职业发展奠定坚实的基础。

2. 广泛融合性

在“互联网+”这一全新环境下，学生创业与就业教育应当展现出高度的融合性与包容性。高校需致力于扩大就业指导课程的覆盖面，结合自身的教育层次与专业特色，深化与同类院校及其他高等教育机构的交流合作，以确保就业指导与管理课程体系之间的无缝对接与顺畅过渡。在此过程中，高校应着重向学生阐明继续深造与提升学历的重要性，激励他们不断追求学术与职业上的进步，从而进一步增强就业指导工作的融合性与实效性。

校内各方应积极响应并参与学生创业与就业教育的各项工作，通过提供具体、实用的职业发展建议，助力学生明确职业方向。为此，可采用团体辅导、个性化咨询等多种沟通方式，深入细致地了解学生在就业过程中所面临的种种挑战与困惑，并据此提供有针对性的心理辅导与支持。同时，应将就业指导教育紧密融入学校的日常管理体系之中，使之成为学校全面推进创业与就业指导工作不可或缺的一部分，从而为学生的职业发展之路提供全面、坚实的支撑与保障。

3. 系统发展性

随着时代的不断进步与深化，终身学习的理念正日益获得社会各界的广泛认同。在此背景下，高校就业指导工作的内涵与外延也需随之拓展，不仅应聚焦于学生毕业后的职业选择与职位定位指导，还应涵盖职业路径的发展与生涯规划的教育，旨在为学生在职业生涯的各个阶段提供全面而有力的引导与支持。

在“互联网+”这一全新时代背景的推动下，高校的创业与就业教育管理工作更需展现出其高度的系统性与前瞻性。为此，应积极探索并实践微课、翻转课堂等创新的教学模式与方法，将其有机融入创业与就业教育的全过程，从而进一步增强创业就业教育和管理工作的系统性、实效性与针对性。

还可充分利用互联网技术的便捷性与高效性，构建起一套完善且富有针对性的创业与就业教育课程体系，通过微课等形式，实现知识的碎片化学习与灵活掌握；同时，借助翻转课堂等教学模式，鼓励学生主动思考与探索，培养其独立解决问题的能力与创新思维，为他们在未来的职业生涯中持续成长与进步奠定坚实的基础。

（二）创业就业管理中的职业生涯规划

1. 职业生涯规划

职业生涯规划是一个涵盖了个体在其一生中所有与职业相关活动和任务进行系统性规划或预期性安排的过程。这一过程主要包含两个至关重要的维度：一方面，它涉及个体对自身人生愿景、职业信念、兴趣偏好、个性特质以及能力素养等内在因素的深入认知与理解；另一方面，它还包括个体对职业发展路径、职位晋升历程以及工作目标达成进程的设想与憧憬。

在职业生涯规划的制定与实施过程中，个体需要全面审视并评估自身的内在条件与外在环境，以确保所制定的规划既符合个人的实际情况，又能有效应对职业发展的各种挑战与机遇。具体而言，个体需清晰地认识到自己的人生追求与职业定位，明确自己的职业信念与价值观，同时，还需充分了解自己的兴趣所在、个性特点以及能力所长，以便在职业规划中扬长避短，发挥自身优势。

个体还需对职业发展路径与职位晋升历程进行科学合理的设想与规划，明确自己在不同职业发展阶段的目标与任务，以及实现这些目标所需付出的努力与资源。通过这一过程，个体可以更加清晰地认识到自己在职业发展中的定位与方向，从而更加自信地面对职业道路上的挑战与机遇，实现个人职业发展的持续与进步。

职业生涯规划是个体在深入考量自身兴趣所在、专业技能以及外在环境条件等多重因素的基础上，旨在充分发挥个人优势，追求与自身综合素质最为匹配的职业发展道路而精心策划的一项长期规划。这一规划体系的构建是一个复杂而系统的过程，其形成主要受到两大核心要素的制约与影响：一是源自社会发展的客观需要，特别是当前社会对于各类职业角色的实际需求与期待；二是基于大学生个体自身的实际情况与独特特质，包括个人的兴趣偏好、专业技能掌握程度以及性格特征等。

从本质而言，职业生涯规划可以视为一种高度个性化的职业路径设计方案。它在明确的个体职业目标的引领下，紧密结合个人的专业教育背景、社会职业岗位的具体要求以及当前的就业形势等诸多因素，通过深入剖析个体的综合能力水平以及职业技能掌握状况，进而量身定制出一套既符合个人特点又能够应对职业发展挑战的个性化实施策略。这一策略的制定不仅有助于个体在职业生涯中充分发挥自身优势，还能够有效引导个体在职业道路上持续成长与进步，最终实现个人价值与职业成就的双重提升。

2. 大学生职业生涯规划

在职业生涯规划的细致筹谋中，大学生需深入地进行自我审视与环境剖析，以精准地自我定位，并据此设定清晰明确的职业愿景，进而精心遴选适宜的职业路径，同时精心规划学习进程、专业培训及职业发展轨迹。此后，应依据精心制定的时间表，积极主动地采取行动，以确保职业目标的稳步实现。

为了圆满达成职业生涯规划的目标，大学生需细致把握以下几个核心环节：首先，需全面且深入地认知自我与外部环境的真实状况。其次，需明确个人的职业追求与志向，这是整个规划过程的基石。再次，需细致设定理想的职业目标，并进行深入的自我评估与环境分析，以明确自身的优势与不足，以及外部环境的机会与威胁；在此基础上，精心选择职业发展的路径，确保所选路径既符合个人的兴趣与能力，又能有效应对外部环境的挑战。复次，需制订详尽的行动计划，明确各阶段的任务与时间节点，以确保规划的顺利推进。最后，需建立反馈与调整机制，以便在规划执行过程中及时发现问题并进行相应的调整，确保职业生涯规划的灵活性与适应性。

时间管理也是职业生涯规划中不可或缺的一环。大学生需合理安排时间，确保各项规划与行动能够按时推进，从而为实现职业目标提供坚实的保障。

3. 大学生职业生涯规划的要素

在职场发展的漫长征途中，“自我洞察”构成了“知己”的深刻内涵，它要求个体对自身的优势、劣势、兴趣及价值观有全面而深入的理解，而“环境洞察”则构成了“知彼”的核心要义，它强调对外部环境，特别是与职业目标息息相关的行业趋势、职场文化及岗位要求等，进行透彻且细致的认知。这两者相辅相成，共同构成了职业规划的基石。个人的职业追求不应仅仅停留于一厢情愿的愿景之中，而应与现实条件紧密相连，寻求两者之间的最佳契合点。

在职业规划的实践中，个体应当善于利用自身的长处与优势，以此作为适应职场、突破障碍的利器，而非在面对挑战时感到力不从心、难以立足。这进一步说明，职业规划并非仅仅局限于“自我认知”与“他人认知”的层面，更是一个涉及深思熟虑的“决策制定”过程。在这个过程中，个体需要基于自我与环境两方面的深入洞察，审慎权衡各种因素，从而作出既符合自身特点又能有效应对外部环境挑战的职业抉择。这样的规划，才能真正引领个体在职场旅途中稳健前行，实现个人价值与社会贡献的双重提升。

（三）创业就业管理中的协议与权益

1. 就业协议

就业协议书作为一种具有法律效力的书面文件，其核心目的在于明确界定毕业生、用人单位及学校在毕业生就业流程中各自所应承担的责任与享有的权利。这些权责关系均受到国家相关法律法规的严格确认与有力保护，确保各方权益不受侵害。若协议中的任何一方未能恪守承诺，擅自违反协议规定，必须依法承担相应的法律责任，以此维护协议的严肃性与权威性。

就业协议书由教育部统一制定，并由地方就业主管部门或相关高等学校负责具体印刷与分发工作。在供需双方见面交流及双向选择的基础上，毕业生与用人单位经过深入沟通与协商，一旦达成共识，便需正式签署这份就业协议书，以此作为确立双方就业关系法律效力的关键凭证。因此，就业协议书在毕业生与用人单位之间构建劳动关系的过程中，扮演着至关重要的法律基石角色。

在签订就业协议书的过程中，毕业生与用人单位均需秉持诚信原则，严格遵守协议中的各项条款与规定。这不仅是对双方权益的尊重与保护，更是维护社会稳定与公平正义的必然要求。通过就业协议书的签订，毕业生与用人单位得以在法律的框架内，共同构建一段和谐、稳定的劳动关系，为双方未来合作发展奠定坚实的基础。

2. 毕业生的基本权益

（1）大学毕业生就业的权利。为了维护大学毕业生就业的合法权益，我国在《中华人民共和国宪法》《中华人民共和国劳动法》《中华人民共和国高等教育法》《普通高等学校毕业生就业工作暂行规定》中，都明确规定了大学毕业生应当享有的权利。这些权利主要有以下几点。

①获取信息权。一是大学毕业生有权了解、获取就业信息，任何单位或个人不得隐瞒或欺骗。二是大学毕业生有权知道创业就业管理机构的工作原则、纪律、程序等①。首先，大学毕业生有权全面且真实地掌握雇主的意图、工作环境、薪酬待遇以及职业发展前景等信息；相应地，雇主必须向应届毕业生和教育机构提供真实的情况说明，并提供必要的资料。

②选择自主权。大学毕业生有权自主选择就业地点、就业行业、就业岗位等。

③待遇公正权。首先，大学毕业生享有被学校公正、平等推荐的权利。其次，大学毕业生享有被雇主公平录用的权利。最后，大学毕业生享有公平竞争的权利。

④就业指导权。大学应建立专门机构，安排专职人员为毕业生提供就业指导服务，协助他们根据国家和社会的需求，同时结合个人实际情况选择合适的职业。

⑤协商签约权。一是与用人单位平等协商签订就业协议。二是与用人单位平等协商签订劳动合同。

⑥追究违约责任。大学生与用人单位签订就业合同，这是基于双方平等自愿、共同商议的原则所达成的，双方都应承担履行合同的责任。若用人单位未能依照就业合同的条款执行，学生则有权要求其承担违约责任。

（2）毕业生合法权益的保护。毕业生在就业过程中，如个人权益受到侵犯，可通过以下途径对自身权益实施保护。

①通过国家、省（市）等各级毕业生就业主管部门保护。

②通过高校毕业生就业部门保护。

③毕业生依据相关政策法规进行自我保护。

---

① 李函章．新形势下高校学生就业与管理体制创新研究［J］．当代教育实践与教学研究，2017（10）：139.

二、高校学生创业就业管理影响因素

（一）主观因素

1. 就业观念滞后

当前，部分大学生的就业观念显得相对滞后，缺乏必要的社会适应能力、抗压能力以及创新创业意识。首先，经济新常态的涌现推动了就业结构的深刻变革。在这一全新背景下，若缺乏专业的引领与深入的理解，毕业生的就业观念极易与现实需求脱节，难以有效适应当前经济高质量发展的新模式。众多即将步入社会的毕业生对于技术密集型岗位所展现出的旺盛需求置若罔闻，同时，他们也未能具备现代意义上的创新与创业思维，这导致他们在自我认知与市场需求之间产生了显著的偏差，进而在一定程度上制约了其创业就业能力的成长与进步。

此外，这部分大学生在进行职业选择时往往表现出一种盲目的从众心理，他们更倾向于追求那些看似热门且薪酬丰厚的职业，而对于就业市场的真实信息却知之甚少。他们或是盲目跟风，仅凭他人的选择来决定自己的职业道路；或是片面追求高薪、轻松、稳定的“金饭碗”，而忽视了职业发展的长远性与可持续性。这种盲目性的根源在于大学生对自我认知的模糊不清，对就业市场信息的掌握不够全面，以及对社会经济发展趋势缺乏深刻而清晰的认识。因此，为了引导大学生树立正确的就业观念，提升他们的就业竞争力，需要从多个维度入手，加强就业指导与服务，帮助他们更好地适应社会的发展需求。

2. 职业规划能力欠缺

大学生在毕业后能否在竞争激烈的社会环境中站稳脚跟、稳步成长并最终成才，其核心在于他们所选职业是否能够支撑起其“职业生涯”的宏图大业，因为这一职业选择直接关乎他们的精神追求与物质需求的双重满足。个人能否觅得一份与自身相契合的工作，与其职业生涯规划的能力有着千丝万缕的联系，且这种能力的重要性不言而喻。

当前，众多大学生在求职之旅上频频陷入迷惘与孤立的境地，缺乏明确的职业导向，对职业规划的准备亦显得捉襟见肘，往往草率地作出职业抉择。这一现象的根源在于对职业生涯规划的认知存在偏差，且对其重视程度远远不够，这不仅在一定程度上拖累了高校的就业率，也阻碍了社会人才市场资源的优化配置。

受制于根深蒂固的传统就业观念、分阶段实施的高校教育模式以及既定的教育方式，大学生在职业规划与就业指导方面遭遇了前所未有的挑战。具体表现为职业规划意识的匮乏、对职业规划内涵理解的浅显、职业目标的模糊不清以及职业准备的严重不足。鉴于此，迫切需要加大对大学生职业规划能力的培养力度，着力提升其职业规划技能，以增强他们在就业市场中的核心竞争力，从而助力他们在职业生涯的道路上行稳致远。

3. 专业能力欠缺

当前，在大学生就业能力体系中，专业能力的欠缺已成为制约其就业竞争力的关键因素。一些用人单位纷纷反馈，大学生在求职过程中，常因基础知识体系不够稳固、专业技能掌握不够深入以及实践经验的匮乏，而难以有效应对专业性、技术性岗位的挑战，进而无法满足企业的实际需求。

部分大学生在专业知识的学习上，缺乏系统性和深入性，导致其在面对专业性强、技术要求高的岗位时，显得力不从心。同时，由于实践机会的缺失，他们在将理论知识转化为实际操作能力方面，也存在明显的短板。这种专业能力上的不足，不仅限制了大学生在就业市场上的竞争力，也影响了用人单位对于高素质人才的选拔与培养。

提升大学生的专业能力，已成为当前高等教育改革与就业促进工作中的一项紧迫任务。只有通过加强专业知识的教学与实践环节的结合，才能有效地弥补大学生在专业能力上的短板，进而提升其就业竞争力，更好地满足人才市场的实际需求。

4. 综合能力不高

面对社会发展的日新月异与市场的多元化需求，大学生唯有持续不断地自我提升、拓宽技能边界，方能有效提升其在就业市场中的竞争力。鉴于大学生在就业认知、职业规划意识、专业技能掌握以及综合素养培育等方面存在的种种不足，积极采取措施引导他们主动识别并弥补这些短板、纠正认知偏差，对于破解当前大学生就业难题具有深远的现实意义。

具体而言，大学生需要深化对就业市场的认知，树立正确的就业观念，明确自身的职业定位与发展方向。同时，增强职业规划意识，制定科学合理的职业规划，确保个人发展路径与社会需求相匹配。在专业技能方面，大学生应致力于提升专业技能的精湛度与实用性，确保自身技能符合市场需求。此外，还需注重综合素质的培养，包括沟通能力、团队协作能力、创新思维等，以全面提升个人竞争力。

综上所述，通过有针对性的引导与帮助，促使大学生主动改善自身不足，调整认知偏差，是有效解决大学生就业问题的关键所在。

（二）客观因素

1. 用人单位

（1）在招聘实践中，对现实条件的考量往往超越了对应聘者潜在能力的重视。众多企业及公共机构在招聘流程中设立了严格的硬性标准，这些标准旨在缩减因女性员工可能产生的额外人力、物力及财务成本，或是通过强调工作经验来降低入职培训的开销，从而减轻自身的经济负担。然而，以往的实证研究结果显示，女性在学习能力与沟通协调技巧上普遍优于男性。尽管如此，招聘方在遴选人才时，仍倾向于过分关注应聘者的即时经济效益，而忽视其长远的职业发展潜力。

这些严苛的就业门槛，构筑起一道阻碍众多普通高校应届毕业生顺利步入职场的壁垒。这一现象不仅违背了教育与就业领域的公平性原则，同时也侵犯了普通高校毕业生应有的就业权益，进而对大学生就业能力的提升造成了不利的影响。具体而言，它限制了那些具备发展潜力但缺乏特定硬性条件的人才的流动与成长，使就业市场的人才配置效率受到一定程度的制约。因此，有必要重新审视并调整当前的招聘标准，以更加全面、公正地评估应聘者的能力与潜力，为所有求职者创造一个更加公平、开放的就业环境。

（2）当前，员工培训与指导的动力匮乏成为一个亟待解决的问题。众多企业在实施员工培训与指导时，其重心更多地倾向于"如何最大化地发挥人才效能"，而非"如何系统性地培养人才"。在中小型企业范畴内，这一现象尤为突出。这些企业往往因过度聚焦于短期经济利益的获取，而忽视了在人才培养方面的长远投资。它们满足于即时的成本削减，却对人才培养所能带来的长远回报视而不见。

在我国，中小型企业普遍采取"急需即招"的人才管理策略，缺乏一套完善的人才培育与发展体系。在招聘流程、岗位设置等方面，这些企业往往缺乏明确而科学的标准，单一地追求经济效益的最大化，而忽视了人才管理对于企业可持续发展的重要性。

为了有效提升大学生的实践能力，关键在于促使中小型企业转变"重使用、轻培养"的传统观念，树立科学用人、合理选拔人才的新理念。同时，加强中小型企业与高校之间的深度合作，共同构建一个有利于高素质人才培养与储备的协同机制。通过这一机制，不仅可以为大学生提供更多的实践机会与职业发展空间，也有助于中小型企业构建起一套完善的人才管理体系，从而实现企业与人才的双赢。

2. 高校人才模式亟待转型

（1）当前，课程体系的设置与市场实际需求之间存在着显著的脱节现象。随着经济发展模式与增长动力机制的快速演变，部分大学的课程规划未能紧跟时代的步伐，导致大学生在完成学业后，难以将所积累的综合素养与专业技能有效地转化为职场上的竞争优势，进而在寻找理想工作岗位时遭遇重重困难。这一状况也引发了高校毕业生与雇主之间的供需不匹配问题，形成了双向的困境。

雇主在招聘过程中面临着"人才选拔难题"，难以从现有的毕业生群体中筛选出符合自己需求的高素质人才。与此同时，高校毕业生则陷入了"就业困境"，他们在求职市场上屡屡碰壁，难以找到与自身专业背景和职业规划相契合的工作机会。这种供需之间的不匹配，不仅影响了毕业生的职业发展，也制约了企业的用人需求，对社会的整体就业形势构成了挑战。

因此，有必要对现有的课程体系进行深入的反思与改革，以确保其能够更好地适应市场变化的需求，培养出更多具备职场竞争力的高素质人才。同时，加强校企合作，促进教育与产业的深度融合，也是解决这一双向难题的有效途径。

大学的专业布局、课程设计以及所采用的教学方法，共同塑造并影响着各领域人才产出的规模与构成。与此同时，产业结构的动态调整与经济发展的持续演变，与大学生的就业状况之间存在着紧密的关联。基于人职高度匹配的理论框架，需要对大学生就业能力与具体岗位之间的契合程度进行全面评估，并从多个维度进行细致考量。

这一评估过程不仅要关注毕业生能否顺利获得就业机会，还需深入分析他们进入职场后的适应情况，包括对新环境的融入速度、与团队的合作默契度以及解决工作中实际问题的能力。此外，毕业生在职位上的成长潜力同样不容忽视，这涉及他们的职业发展意愿、持续学习的能力以及面对挑战时的应变能力等多个方面。

大学的专业与课程设计、教学方法的优化以及对人职匹配度的精准评估，对于提高大学生的就业质量、促进人才结构与产业需求的有效对接，具有至关重要的意义。

（2）当前，高校人才培养体系尚存诸多不完善之处，这就要求高等教育机构必须根据人才培养目标的动态变化，灵活调整其教育模式。传统高等教育大众化时期的固定模式已难以满足当前的需求，高等教育机构应立足于高等教育的最新进展，充分挖掘并展现各高校的独特魅力与核心优势。

在现实中，普通高校在相似专业的教育培养上，大都采用较为统一的教育理念，忽视了各高校在专业特色、基础设施建设、教学质量以及办学标准等方面的差异性。这种趋同性不仅限制了高校的创新发展，也导致培养出的人才在综合知识体系、就业竞争力以及文化素养等方面，难以充分展现各自的独特风貌。

各高校应根据自身的专业优势、教育资源以及社会需求，制订更具针对性的教育培养方案，以培养出在综合知识、就业能力以及文化素质等方面各具特色的人才。这样不仅能有效提高高校的人才培养质量，也能更好地满足社会对多元化人才的需求。

3. 经济转型升级催生新动能，结构性矛盾显现

（1）新动能的蓬勃兴起正引领着就业格局的深刻变革。经济增长的速度与模式，作为塑造产业格局的关键因素，同样对就业市场的演变产生了深远的影响。在新质生产力理念的推动下，一系列新兴动能与新型业态如雨后春笋般涌现，为就业市场注入了前所未有的活力。

这些新兴动能的出现，对从业者的能力结构提出了新的要求。他们不仅需要具备坚实的理论基础，以应对日益复杂多变的工作环境，还必须拥有与新经济形态相契合的实践技能与创新能力。只有这样，才能在就业市场的新变化中立于不败之地，实现个人价值的最大化。

新动能的崛起要求从业者不仅要深入理解并掌握相关领域的前沿知识，还要具备将理论知识转化为实际操作能力的实践智慧。同时，面对新经济带来的挑战与机遇，他们还需展现出非凡的创新思维，以开创性的解决方案应对市场变化，推动产业结构的持续升级与发展。

（2）产业结构的转型与升级进程目前正步入一个关键时期，呈现出深度调整与优化的态势。在这一背景下，传统产业与新兴行业呈现出并存共荣的局面，岗位需求也随之发生了显著而深刻的变化。

随着技术革新与市场需求的双重驱动，一些传统行业正经历着深刻的变革，其岗位构成与技能要求也在不断更新。与此同时，以信息技术、人工智能等为代表的新兴行业正蓬勃发展，创造出大量前所未有的新型岗位，这些岗位对从业者的专业技能与创新思维提出了更高的要求。

产业结构的转型与升级不仅影响着宏观经济的发展格局，也深刻塑造着就业市场的生态与趋势。面对这一变化，教育与培训体系需及时作出调整，以培养更多符合市场需求的高素质人才，为产业的持续升级提供坚实的人才支撑。

4. 政府政策制度引领空间广阔

（1）当前，就业政策体系正处于不断地优化与完善之中。为了有效促进就业与创业，国家和各级政府已经制定并实施了一系列具有针对性的政策措施，旨在为大学生就业提供强有力的支持与保障。作为人才培养的关键之所在，高校在这一进程中扮演着至关重要的角色，应积极响应政府号召，将提升学生的就业能力作为教育工作的核心任务之一。

在大学生的求学历程中，如何科学有效地增强其就业竞争力，进而实现高质量就业，已成为政府、社会、高校以及学生群体共同关注的焦点问题。这个问题不仅关乎着大学生的个人发展与未来前景，也直接影响国家人力资源的优化配置与社会的整体稳定。因此，各方需共同努力，积极探索和实践有效的教育培养模式与就业指导策略，以助力大学生在激烈的就业市场中脱颖而出，实现个人价值与社会贡献的双重提升。

政府应当进一步深化就业政策的细化工作，针对各类行业与岗位的特性，采取更具针对性的差异化就业促进策略。鉴于大学生就业能力的多元化以及用人单位需求的多样性，政府需灵活调整相关政策措施，适当放宽部分行业的就业准入标准，打破不合理的就业障碍，从而为大学生创造更为丰富的实习与就业机会。

在此过程中，政府应着重关注大学生工作经验的积累与个人能力的提升，通过政策引导与扶持，助力他们更好地适应职场环境，增强就业竞争力。同时，政府还应积极推动人才向更高层次流动，促进人才资源配置的优化，为经济社会发展提供有力的人才支撑。这一系列举措的实施，将有助于构建更加公平、开放、包容的就业环境，为大学生的职业发展铺就更为宽广的道路。

（2）大学生就业服务市场的规范化管理尚待进一步加强。作为宏观层面的调控主体，政府需充分发挥其在人才培养导向、就业服务体系建设等方面的引领作用，尤其要加大对大学生就业服务市场的管理力度与规范化建设。政府应充分利用其掌握的教育决策、管理监督等职权，科学合理地调配教育资源，防止教育资源过度集中于某些特定高校，造成资源分配的不均衡。

为了营造更加公平、有序的竞争环境，政府需通过优化相关政策环境，促进不同类型与层次的高校之间形成良性竞争，为高校毕业生搭建更多展示个人才华、提升综合能力的平台。与此同时，政府还需强化与各相关主体的协调联动，理顺各方关系，凝聚共识与力量，共同致力于构建一个法治化、公平化、和谐化的大学生就业能力提升环境。这一系列举措的实施，将有力推动大学生就业服务市场的健康发展，为普通高校毕业生实现高质量就业提供坚实保障。

三、大学生创业与就业管理的创新策略

（一）就业课程与就业服务的整合式管理

高校就业服务的根本目的在于秉持以学生为中心的教育理念，全面开展面向大学生的创业与就业指导教育。因此，确保就业课程与实践服务能够无缝对接、深度融合，是达到目的的关键所在。

具体而言，高校需将学生的实际需求与职业发展作为就业服务的出发点与落脚点，精心设计并不断优化就业课程体系，使其既能够涵盖理论知识的传授，又能够融入实践技能的培养。同时，还需强化就业服务的实践导向，通过提供多样化的实习实训、职业规划、就业指导等服务项目，帮助学生将所学知识转化为实际能力，为未来的职业发展奠定坚实的基础。

总之，高校就业服务应始终围绕以学生为中心的原则，不断探索创新，推动就业课程与实践服务的深度融合，为大学生的创业就业之路提供有力支持。

（二）高校创业就业管理向“服务型”转变

高校矢志不渝地确立并践行以“人本主义”为精髓的服务型教育理念，这是提高教育质量、增强核心竞争力的基石与核心所在。该理念不仅将学生置于教育活动的中心地位，更是将大学生视为服务的首要与核心群体，高度重视其全人发展，充分尊重并满足其个性化与多元化的需求。

在教学安排、管理运作以及服务提供的每一个环节，高校均应积极构建多元化的课程体系，设计便捷且高效的服务型管理体系，持续优化学生的学习与生活环境，以期全方位满足学生的成长与发展需求。此举不仅能够吸引更多杰出的人才加入，进一步提升学校的

声誉与综合竞争力，更能够切实提高学生的综合素养，助力他们更好地融入并服务于社会。

通过这一服务型教育理念的深入实施，高校不仅能够为社会培养出更多具备创新精神与实践能力的高素质人才，同时也能为实现教育的可持续发展与社会的全面进步贡献出重要的力量。

与此同时，“人本至上”的服务理念在高等教育领域中的贯彻，对于营造和谐共生、开放包容的校园文化氛围具有积极的推动作用，它促进了师生间情感的深度交融，为学生的身心健康与全面发展奠定了坚实的基础。为了达到这一目标，高校需持续加大师资队伍建设力度，不断提高教师队伍的专业技能与服务水平，确保他们能够以更加饱满的热情与精湛的技能投身于教育事业。

此外，完善服务型管理制度亦是不可或缺的一环，它旨在构建一个公平、公正、透明的校园环境，确保每一位学生的合法权益都能得到充分尊重与保护。在此基础上，高校还应积极拓宽与社会各界的沟通和合作渠道，紧密围绕社会需求的变化，灵活调整教育教学的内容与方法，使之更加贴近实际、更好地服务于社会经济发展。

综上所述，“人本至上”的服务型办学意识不仅是高校赢得学生广泛满意、社会普遍认可的重要举措，更是推动高校实现可持续发展、迈向更高层次的关键所在。这一理念的深入实践，将助力高校在激烈的竞争中脱颖而出，为社会培养出更多具备创新精神与实践能力的高素质人才。

（三）强化政校合作，优化就业服务资源管理

在推动公共治理体系不断完善与发展的过程中，强化治理主体的多元化特征成为其核心理念之一。鉴于此，就业服务管理的职责并非单一地落在高校的肩上，而是需要吸纳包括当地政府在内的多方力量共同参与，尤其是政府作为关键性的资源调配者，其角色不可或缺。这一多元化的管理模式对于激发大学生创业活力、优化就业管理体系具有深远的影响与重要的价值。

地方政府与高校之间的协同合作，能够形成优势互补、资源共享的良好局面，为大学生提供更加全面、专业的就业服务与指导。地方政府凭借其丰富的政策资源与行政效能，能够在政策制定、资金扶持、平台建设等方面发挥积极作用，为大学生创业就业提供有力保障。而高校则依托其深厚的教育资源与学术优势，专注于人才培养、职业规划、创新创业指导等领域，为大学生的全面发展奠定坚实的基础。

通过加强公共治理主体的多样性，实现地方政府与高校在就业服务管理方面的深度合作，对于促进大学生创业就业、推动公共治理体系的持续完善具有至关重要的意义。

除此之外，政府要与高校携手探索就业服务管理的新路径，针对毕业生群体中日益凸

显的“慢就业”现象，双方要深入基层开展调研工作，精心制定并推出一系列指导策略，并积极引入社会专业指导团队的力量，提前规划并精心组织政策宣讲会、专题研讨会等一系列活动，旨在共同应对并有效解决这一社会问题。

为确保各项政策措施能够得到有效执行并产生积极影响，政府相关部门构建了一套完善的社情民意反馈体系，特别开设了针对大学生就业问题的民意征集渠道，以便及时收集并处理来自社会各界的意见与建议。此外，政府还积极整合社会资源，为政策的落地实施、宣传推广以及普及教育提供有力支持，确保用人单位能够准确理解并充分掌握政策精神，从而避免对应届毕业生的就业造成不必要的阻碍与影响。这一系列举措的实施，不仅彰显了政府与高校在促进大学生就业方面的决心与行动，也为构建更加公平、公正、高效的就业服务体系奠定了坚实的基础。

（四）增加管理实践的投入力度

服务管理的核心使命在于优化受众的体验与便捷性。在高校就业指导工作中，平衡管理与服务的权重显得尤为关键。尽管管理的终极目标是解决就业难题，但作为孕育人才的摇篮，高校更应秉持“教人捕鱼胜于赠鱼”的服务理念。根据公共治理的核心理念，其权威性的构建不仅要基于法律法规的强制性，更要根植于社会的普遍共识与文化习俗之中。因此，治理举措的制定与执行，既要彰显权威性，又要广泛赢得社会各界的认可与支持。

在这一框架下，高校就业指导服务需更加注重培养学生的自主就业能力，而非仅仅依赖传统的就业安置方式。通过提供多元化的就业指导、职业规划以及创业扶持等服务，高校可以帮助学生更好地适应市场需求，提升其就业竞争力。同时，高校还需加强与政府、企业及社会组织的合作，共同构建一个开放、包容、协同的就业服务体系，以促进就业市场的健康发展，实现人才资源的优化配置。

综上所述，高校在就业指导服务中应坚持“授人以渔”的原则，通过平衡管理与服务的关系，以及与社会各界的紧密合作，共同推动就业治理体系的完善与发展，为社会的和谐稳定与经济的持续发展贡献力量。

第三章 高校学生管理的模式创新

随着我国“科教兴国”与“人才强国”两大战略的全面落实与不断深化，高等教育领域进入了前所未有的快速发展时期，为党育人，为国育才，致力于培养出既拥有扎实专业知识，又具备全面综合素质的社会主义建设者与接班人成为其根本使命。在此背景下，高校学生管理工作的效率与质量，成为衡量教育质量高低的关键要素之一。面对高校数量激增与在校生规模迅速膨胀的新常态，以往传统的学生管理模式与人才培养模式逐渐暴露出其局限性，难以满足新时代背景下的人才培养需求。

为了有效应对挑战，国内众多高校积极寻求变革之道，勇于探索创新路径，它们紧密结合自身实际情况，对学生管理模式进行了全面而深刻的革新，力求打造出一个更加高效、更加贴合时代发展需求的管理体系。这一管理体系旨在更好地服务于人才培养的总体目标，通过优化管理流程、提高服务质量、强化师生互动等多种手段，为高等教育质量的全面提高提供有力支撑。

综上所述，面对高等教育发展的新态势，高校学生管理工作的改革与创新势在必行。通过不断探索与实践，国内高校正逐步构建起一套更加科学、高效的学生管理体系，为培养德智体美劳全面发展的社会主义建设者与接班人奠定了坚实的基础，也推动我国高等教育事业迈向更高水平的发展阶段。

第一节 高校学生管理模式概述

随着信息化社会的不断演进与深化，高校学生管理工作也迎来一系列前所未有的全新契机与严峻挑战。以往那种单一、固化的学生管理模式，已然难以顺应社会环境的快速变迁以及学生个性化、多元化成长的实际需求。在此背景下，积极探索并实践高校学生管理模式的革新之道，已成为高校管理者当前亟须研究的重要课题。

本节内容将聚焦于高校学生管理模式的内涵界定、主要类型划分以及创新策略的探索与阐述，旨在通过系统、深入地分析与讨论，为推动高校学生管理模式的转型升级提供有益的参考与启示。我们期望通过这一努力，能够构建出一种更加符合时代发展要求、更加贴合学生实际需求的学生管理模式，从而为高等教育事业的持续健康发展注入新的活力与动力。

下面将围绕高校学生管理模式的定义、类型及创新策略展开全面而深入的探讨，以期为促进高校学生管理工作的创新发展贡献绵薄之力。

一、高校学生管理模式的定义

“模式”这个词语起源于拉丁语 modus，最初的意思是指一种能够通过手工进行定型化操作的范例。起初主要应用于生产活动中，用以概括工种的操作经验。随着社会生产力的进步和劳动生产效率的提高，“模式”的概念逐渐拓展，被广泛运用于社会生产的各个领域。此时，“模式”不再局限于具体的经验层面，而是被抽象为一种结构体系或特定的活动方式。

分析已有研究可发现，学者从不同角度出发对“模式”这一概念加以阐述：一种是将模式视为一种已经成型且可供参考的范本。正如《现代汉语词典》所界定的，“它是指某一事物的规范形态或作为参照的典型模式”①。另一种是将模式视为系统内部各要素的有机组合方式。学者石长林提出，模式指的是客观事物各组成要素的有序结合形式，它揭示了任何结构或过程的关键组成部分及其相互作用，从而指导系统内各元素按照既定目标形成最佳配置的设计理念和结构框架②。还有一种观点将模式看作在特定问题解决过程中所采用的策略。例如，学者查有良对“模式”进行了定性的阐述，指出它是在特定问题的解决中，通过一定的抽象、简化和假设条件，来重现原型对象的核心特性，从而对现实世界进行抽象描述，并构建出新的对象，这是一种科学的操作和思维方式③。尽管学者对“模式”的概念界定莫衷一是，但达成的基本共识是：模式是从人类生产活动或社会活动的具体事实经验中抽象出来的，能够为活动或事物运行提供直接参考的一套标准化操作系统。

在此意义上，学者将“管理模式”定义为一种在特定管理理念指导下构建，并在管理实践中逐渐固化形成的，包含管理内容、管理方法、管理工具、管理程序、管理制度等要素的管理行为体系。该管理行为体系能够解决管理问题、规范管理方法、完善管理机制，最终达成管理目标。为了使学生管理理论研究更具针对性，一些学者基于此认识，对“学生管理模式”的定义进行了深入的解释。深入分析后就可发现，这些界定在内涵与外延上似乎都存在着一致性，学生管理模式被视作学生管理结构或过程的组成要素及其相互作用的有机整合，它是在实际操作中逐步发展起来的一套包含结构流程和操作方法的系统④，在这个体系内，组织结构、组织制度、管理手段与技术、途径与方法、组织环境等元素相

① 中国社会科学院语言研究所词典编辑室．现代汉语词典［M］．北京：商务印书馆，1996.

② 石长林．主体性学校管理模式初探［D］．武汉：华中师范大学，1999.

③ 查有良．教育建模［M］．南宁：广西教育出版社，1998.

④ 李一昂．高校学生管理模式探析［D］．天津：天津大学，2013.

互关联、相互影响①。

高校学生管理的体系，涉及学生管理的关键构成要素及其相互作用的有机整合，以及在实际操作中逐渐发展出的一系列结构化流程和具体实施策略。在高校学生管理体系中，组织架构、组织规则、管理工具与技术、路径与方法以及组织环境等元素相互关联、相互影响②。

高校学生管理的组织结构旨在达成管理的科学化、效率化和实用性，直接支撑学生管理活动。该结构在理论与实践之间架起桥梁，成为两者之间的纽带，并实现上下双向的互动传导。一方面，通过总结学生管理实践中的有效经验、成功策略和显著成果，提炼出学生管理的模式，并在此基础上进一步提炼和提升，形成学生管理的理论体系。另一方面，基于学生管理理论的研究，运用比较分析、历史研究等方法，将成熟的学生管理理论应用于实际操作中，以指导实践。同时，学校的文化传统、教育理念和管理风格等也会对管理组织结构产生影响，从而形成具有特色的管理模式。因此，高校学生管理模式展现出多样、开放和灵活的特点，管理内容也在很大程度上决定了管理模式的具体形态。

二、高校学生管理模式创新的原则

（一）以学生为主体

高校，作为孕育未来精英的殿堂，承载着培养全面发展人才的崇高使命，应时刻将每一位学生的成长置于首位，对其倾注无尽关怀并切实履行教育职责。作为学生群体来说，就期望教育者能以民主、平等的姿态与之相处，营造一种和谐共进的教育氛围。这就要求管理者在面对学生的过失时，应展现出宽容与理解，并充分尊重学生的情感世界与个性特质，精心呵护学生的自尊，致力于构建一种基于相互尊重与信任的师生关系，从而推动教学方式向着更加和谐、高效的方向转变。

随着高等教育的日益大众化，高校在学生管理工作上正面临着前所未有的复杂挑战。学生，作为高校的核心构成部分，其成长与发展状况直接关系到高校的教育质量与社会声誉。因此，学生管理者需确保管理工作的顺畅运行与高效实施，以应对日益增加的管理需求与挑战。

在此背景下，高校学生管理者应深刻践行“以学生为主体”的教育理念，将服务型学生管理理念内化于心、外化于行。这意味着管理者需将学生的需求与利益放在首位，通过提供全方位、个性化的服务，助力学生的全面发展与成长。同时，管理者还需不断提升自身的服务意识与管理能力，以适应高等教育发展的新趋势与新要求，为培养具有社会责任感、创新精神和实践能力的高素质人才贡献自己的力量。

---

① 卢文忠，储祖旺．论中国特色学生事务管理模式的构建［J］．理论月刊，2009（6）：179-182.

② 同上。

（二）广泛参与

管理的核心精髓在于科学决策，而决策的全面覆盖与精确无误则深深依赖集体的智慧与力量。有效挖掘并充分利用内部人员的潜能，无疑是提升教育组织整体效能的一条至关重要的途径。因此，高校应当积极践行广泛参与的管理原则，确保每一位教职工都能充分行使自己的权利，直接参与管理实践。

这一做法的显著优势在于，它不仅从制度上保障了教职工的管理权利，使其能够在管理中发挥应有的作用，而且还促进了监督权的合理、有效运用，形成了一种相互制约、相互促进的良性循环。更重要的是，教职工的积极参与极大地激发了他们的工作热情与创造力，使整个教育组织充满了生机与活力。通过广泛参与，教职工能够更深入地了解组织的运行状况，更准确地把握管理的脉搏，从而为组织的持续发展贡献自己的力量。

高校管理的优化之道在于拓宽视野，积极引入学生与家长的多元声音。随着社会的日益开放与融合，高校需进一步强化与社区的紧密联系，并主动敞开大门，广泛听取家长的宝贵意见。为此，建立一套定期向家长通报学校情况、诚恳接受批评与建议的反馈机制显得尤为重要。这一机制旨在鼓励家长积极参与对学校工作的监督与评估，共同推动学校的健康发展。

家长群体来自社会的各行各业，他们不仅拥有丰富的生活阅历与广泛的社会经验，还具有各自领域的专业知识与独特见解。因此，他们的意见与需求无疑为学校管理层在制定决策时提供了不可或缺的参考依据，有助于提升决策的全面性与社会适应性。

学生作为教育服务的直接体验者与受益者，他们的参与对于改进教学质量、优化校园管理同样具有不可估量的积极作用。让学生参与决策过程中，不仅能够增强他们的归属感与责任感，还能够促进学校更加精准地把握学生的实际需求，从而有针对性地提高教学与管理水平。

高校管理应秉持开放包容的态度，积极吸纳学生与家长的多元声音，通过建立有效的反馈机制、鼓励家长参与监督评估以及让学生参与到决策过程中来，共同推动学校管理的持续优化与升级。

（三）教育性原则

教育原则构成了学生管理工作的核心脉络，是确保管理工作取得实效的关键指引。一方面，作为肩负人才培养重任的教育机构，高校要致力于培育出具备独立思考能力和良好行为操守的优秀人才。这一目标的实现，离不开管理实践对教育原则的严格遵循，它要求管理者在学生的全面健康成长过程中，始终秉持人性化管理理念，注重培养学生的综合素质与能力。

另一方面，随着时代的不断演进，高等教育体系及其管理模式正经历着深刻的变革与发展。然而，无论时代如何变迁，教育性原则始终如同一根主线，贯穿变革与发展的全过程，引领着高等教育事业不断前行。在当前时代背景下，高校学生管理工作更应凸显出以学生为中心的理念，充分尊重并保障学生的合法权益与发展需求，积极引导学生树立正确的世界观、人生观和价值观，为他们的未来发展奠定坚实的基础。

具体而言，高校学生管理者应深入了解学生的个性化需求与特点，制定出更加符合学生实际的管理措施与方案。同时，管理者还应加强与学生的沟通与互动，关注学生的心理状态与情感需求，为他们提供必要的心理支持与辅导。通过这些举措的实施，不仅可以有效提升学生的满意度与归属感，还能够进一步激发学生的内在潜能与创造力，为他们的全面成长与发展创造更加有利的条件①。

（四）实事求是、与时俱进

高校学生管理工作的成效，密切关联着学生的未来成长轨迹与发展前景，故而必须坚持实事求是、紧跟时代步伐的基本原则。从宏观视野审视，伴随着中国教育管理领域改革的持续深化，学生在微观的教育管理实践中所展现出基于事实的独立思考能力，勇于开拓创新的精神，积极推动了高校管理体制的日益完善与成熟。比如那些在教育领域表现卓越的地区所采用的学生管理制度与方法，对学生的全方位发展产生了极为显著的正面效应。

管理者、在校大学生以及师生群体均需立足当前实际，将培养符合时代需求的高素质人才作为共同目标，勇于摒弃传统观念中的陈规陋习，携手并进，共同推动学生管理工作的革新与发展。在这一过程中，管理者应发挥引领作用，积极借鉴国内外先进管理经验，不断创新管理手段与方法；在校大学生则需主动提升自我管理能力，积极参与学校管理事务，为管理制度的完善贡献智慧与力量；师生群体则应形成共识，共同营造积极向上的校园文化氛围，为学生的全面发展创造良好的外部环境。

高校学生管理工作的进步与发展，离不开管理者、在校大学生及师生群体的共同努力与协作。唯有秉持实事求是、与时俱进的原则，立足现实，勇于创新，方能培养出更多适应时代需求的高素质人才，为高等教育的持续发展注入不竭动力。

（五）科学性原则

高校学生管理工作的推进，应当以科学性原则为指引，致力于实现管理的科学化与精细化。首要任务在于，对各级管理机构的职权范围进行明确划分，确保每一项事务都能找到明确的责任人与权限归属，从而实现事事有人管、人人有责任的管理格局。

在此基础上，构建一个全面、统一的指令传导与绩效提升体系显得尤为重要。这一体系不仅要确保上级指令能够得到迅速、有效的执行，还要建立起严密的监督审查机制，以

① 孙思．高校学生教育管理模式的变革与创新［J］．山西财经大学学报，2024，46（增刊01）：253-255.

保障管理过程中的每一个环节都能得到严格的把控。同时，该体系还应具备信息的全程可追溯性与及时反馈功能，以便及时发现并纠正管理中存在的问题。

进一步地，为了提升高校学生管理的效能，需要建立起一个合理、高效的管理体系，并科学选择并综合运用多种管理手段。这包括但不限于行政手段、法律手段、思想教育手段、教育引导手段以及经济激励手段等。通过这些手段的综合运用，可以更加全面地应对管理中遇到的各种挑战，从而不断提高管理的效果与质量。

此外，在高校学生管理工作中，还应充分利用现代科学技术与先进的管理手段。这些技术与手段的应用，不仅可以提高管理效率，还能增强管理的精准度与科学性。例如，通过大数据、人工智能等技术的应用，可以更加精准地掌握学生的动态与需求，从而为他们提供更加个性化、精准化的服务与管理。

综上所述，高校学生管理工作的科学化推进，需要在明确职权范围、构建统一体系、综合运用管理手段以及充分利用现代科技等方面作出努力。只有这样，才能不断提高管理的效能与质量，为高校学生的全面发展提供更加有力的支持与保障。

三、探究高校学生管理创新模式的动因

（一）高校学生管理创新模式的重要性

在“互联网+”这一全新时代背景下，高校唯有持续探索并实施创新举措，方能紧跟时代步伐，满足自身发展的迫切需求。高校学生管理模式的革新，对于促进学生个人成长与发展品质的提升具有举足轻重的作用。过往的传统管理方式，往往侧重于行政管理的严谨执行与规章制度的严格遵守，却在很大程度上忽视了对学生个性化需求的深切关怀与潜能的深度挖掘。

创新高校学生管理模式，意味着能够更加精准地识别并有效满足学生的个性化需求，进而提供更具针对性的管理与服务，以此推动学生的全面发展迈上新台阶。具体而言，借助互联网平台的强大功能，可以为学生量身定制学习资源，提供个性化的职业规划指导，助力他们在学习过程中取得更加显著的成效，并在就业市场中展现出更强的竞争力。这不仅有助于学生在校期间获得充分的成长与进步，更为他们未来的职业生涯奠定了坚实的基础。

高校学生管理模式的创新实践对于显著提升学校的管理效能与综合竞争力具有深远意义。学生的满意度及其在学习上所取得的成就，直接映射学校的声誉与社会地位。借助于创新的管理策略，学校服务质量得以优化，提高了学生对学校的归属感与认同感，进而稳固并增强了学校在竞争中的优势地位。

创新在资源整合方面发挥着举足轻重的作用。它促使学校积极整合校内外的各类资

源，加强与社会各界的多维度联系与深度合作，从而为学生的成长与发展开辟出更为广阔的天地并提供了多样化的机遇。这一过程中，学校不仅能够有效提升学生的综合素质与能力，还能进一步增强自身的社会影响力与核心竞争力，为学校的长远发展奠定坚实的基础。

高校学生管理模式的创新不仅关乎学校内部管理效能的提升，更与学校的社会声誉、学生满意度、资源整合能力及社会影响力等多个方面紧密相连。因此，学校应积极探索并实施创新的管理策略，以期在日益激烈的竞争中脱颖而出，实现可持续发展。

（二）高校学生管理模式创新的必要性

1. 满足学生个性化成长需求

当代大学生群体展现出鲜明的个性特征与多元化的成长诉求。以往所采用的“整齐划一”式管理模式，往往对学生的个体差异缺乏充分的关注，难以精准对接他们的个性化成长需求。为了应对这一挑战，就需要积极探索并实践创新性的管理模式。

高校可以尝试建立学生个性化成长档案，这一举措能够全面记录学生的成长轨迹与个性特点，为后续的教育管理提供有力依据。同时，借助智能推荐系统的强大功能，可以为学生提供量身定制的学习资源，确保他们在学习过程中能够获得更加贴合自身需求的支持与引导。此外，通过线上线下相结合的互动教学活动，可以打破传统教学的时空限制，为学生提供更加灵活多样的学习体验与成长机会。

这些创新性的管理模式不仅能够更有效地激发学生的内在潜能，促进他们的个性化发展，还有助于提升学生的整体满意度与归属感。更为重要的是，这些举措能够为学生未来的职业生涯奠定坚实的基础，使他们在面对职场挑战时能够更加自信从容地应对。因此，高校应持续探索并优化学生管理模式，以期更好地服务于学生的成长与发展需求。

2. 适应教育信息化发展趋势

信息技术的迅猛发展，已然将教育信息化推向了历史的前台，使其成为不可逆转的时代潮流。在此背景下，高校学生管理方式的转型升级显得尤为迫切，必须紧跟时代步伐，深度融合网络信息技术，以积极应对这一深刻变革。

回顾往昔，传统的高校学生管理方式大多依赖于烦琐的手工操作，这一模式不仅效率低下，而且在处理大量数据时极易出现差错，严重制约了管理效能的提升。然而，随着信息技术的不断发展，这一困境被彻底打破。

通过将网络信息技术融入高校学生管理之中，实现了管理流程的自动化与智能化，从而显著提高了管理效率。更为重要的是，这一变革还为教学方式带来了前所未有的个性化与科学化。借助信息技术的强大功能，能够精准捕捉并分析学生的学习需求与特点，进而为他们提供量身定制的教学方案与资源，使教学更加贴合学生的实际需求，从而促进他们的全面发展与成长。

信息技术的飞速发展不仅为教育信息化提供了强大的动力，更为高校学生管理方式的转型升级指明了方向。应积极拥抱这一变革，深度融合信息技术，以推动高校学生管理工作的全面升级，为学生的全面发展创造更加有利的条件。

3. 提升高校综合竞争力

在当今高等教育逐步迈向大众化、普及化的时代背景下，各高校之间的竞争态势愈发呈现出白热化的趋势。一系列富有创意的管理举措，不仅能够有效地吸引并汇聚大批优质生源，还能显著提升毕业生的就业层次与社会认可度，从而进一步助推学校知名度与美誉度的双重攀升。鉴于此，积极探索并实施高校学生管理模式的创新，无疑是增强高校综合竞争力、推动其实现长远可持续发展的关键所在。

创新举措应当聚焦于如何更好地满足学生的学习需求、如何提升学生的综合素质与能力以及如何为学生未来的职业发展奠定坚实基础等多个方面。通过构建科学合理的管理体系、优化管理流程、提高服务质量等手段，可以为学生提供更加优质、高效的学习与生活环境，进而赢得学生、家长以及社会各界的广泛认可与赞誉。

高校学生管理模式的创新不仅是提升高校综合竞争力的重要途径，更是推动其实现可持续发展的必由之路。因此，应高度重视这一领域的研究与实践，不断探索新的管理理念与方法，以期在激烈的市场竞争中脱颖而出，为高等教育的繁荣发展贡献更大的力量。

（三）高校学生管理模式创新的意义

1. 促进大学生顺利融入社会环境

在高等教育与社会环境日益交融的今天，大学生得以在广泛的社会舞台上展现自我、谋求发展，然而，这一过程中他们也不得不面对纷繁复杂的社会信息以及潜藏的多重风险。鉴于此，高校学生管理模式的革新显得尤为关键且迫切。

为了有效应对挑战，需着力强化对学生的安全意识培育与自我保护能力的提升，这一创新的管理模式将成为学生合法权益的坚实护盾。具体而言，应通过不断更新教育管理观念，深化高校与社会的紧密联系与互动，从而构建出更加完善、更具前瞻性的学生管理体系。

在这一体系中，管理制度的革新与完善是不可或缺的一环。应致力于打造一套既符合时代发展要求，又能精准对接学生需求的管理制度，以确保学生在校园内能够获得全面、系统的教育培养。同时，还应注重提升学生的社会实践能力，通过组织丰富多彩的校外实践活动，帮助他们积累宝贵的社会经验，为将来的职业生涯奠定坚实的基础。

最终这一系列创新举措将助力学生在毕业之际，不仅具备扎实的专业知识与技能，而且还拥有丰富的社会经验与成熟的应对能力，从而实现从大学校园到社会环境的平稳、顺利过渡。

2. 有效降低校园问题的发生率

传统的高校学生管理模式在关注学生的学习与成长之余，往往对学生的社会适应性教育有所忽视，这一不足易使学生步入社会后产生显著的心理落差与适应障碍，也容易诱发一系列复杂且棘手的校园问题。为解决这一顽疾，高校学生管理模式的革新显得尤为重要且迫切。

在这一背景下，创新的管理模式应致力于弥补传统模式的短板，将全新的管理理念深植于每一位学生的心田。它不仅教导学生如何以积极向上的思想武装自己，更鼓励他们在校园生活中勇于探索、敢于实践，以此丰富自身的阅历与经验。同时，这一模式还着重培养学生的社会适应能力，使他们在面对复杂多变的社会环境时能够保持冷静与从容，以更加稳健的步伐迈向未来。

对于高校而言，持续深化学生管理模式的改革不仅是提高教育质量的关键所在，更是为国家培养全面发展的高素质人才的必由之路。通过不断优化管理模式、更新教育理念，可以为现代大学生提供更加优质、更加贴合实际的教育服务，助力他们在未来的职业生涯与社会生活中取得更加辉煌的成就。

3. 有益于提升大学生的心理健康水平

大学生的心理健康状态与其所承受的心理负荷紧密相连，各类心理健康难题需依据个体的具体情况，采取具有针对性的心理辅导措施予以应对。当学生面临心理健康方面的困扰时，其情境通常较为复杂且微妙，涉及个体的心理状态、意识层面以及情感反应等多个维度。若将这些问题简单地归结为思想层面的困扰而加以忽视，极有可能引发更为深远的负面影响，甚至加剧问题的严重性。

高校必须采取科学、合理且高效的应对策略，及时、全面地掌握大学生的心理健康状况，以便更为精准地引导其接受心理辅导。为此，高校应积极探索实践创新性的学生管理模式，将心理健康教育置于更加突出的位置。通过构建完善的心理健康教育体系，强化学生的心理健康意识，提升其应对心理困扰的能力，可有效地降低校园心理问题的发生率。

高校可以通过开设心理健康教育课程、组织心理健康讲座与活动、建立心理健康咨询中心等多种途径，为学生提供全方位、多层次的心理健康教育服务。同时，高校还应加强与学生之间的沟通与交流，及时发现并解决学生心理健康方面存在的问题，从而确保学生的心理健康得到充分的关注与呵护。通过对这些举措的实施，将能够更好地促进学生的全面发展，为其未来的职业生涯奠定坚实的基础。

四、高校学生管理模式的发展趋势

（一）数据驱动

聚焦于数据这一核心要素，高校学生管理工作将全面整合来自学业成绩、社交互动、健康状况等多个维度的信息资源，并运用大数据分析技术，对学生的学习表现、社交行为及健康状况进行深入的评估与前瞻性预测。通过对这些综合信息的汇聚与分析，高校能够更为精确地洞察学生的个性化需求、兴趣偏好以及行为模式，从而为他们量身定制学习路径与辅导策略，确保服务与指导的精准性与有效性。

数据驱动的学生管理模式赋予了高校更为敏锐的问题识别能力。它能够帮助高校及时捕捉学生的潜在困扰与挑战，无论是学业上的困难、社交上的障碍，还是身心健康方面的问题，都能迅速纳入关注范围。在此基础上，高校能够迅速启动相应的干预机制，为学生提供必要的支持与帮助，有效促进学生的健康成长与全面发展。

数据驱动的高校学生管理模式不仅提升了管理与服务的精准度，还增强了高校对学生潜在问题的识别与应对能力，为构建更加完善、高效的学生支持体系奠定了坚实的基础。

（二）科技赋能

借助人工智能与智能设备的尖端科技，大学生管理工作正逐步与科技实现深度融合，以期在学生信息与智能服务领域实现全面升级。在这一进程中，人工智能技术的运用尤为关键，它可助力高校着手构建一个智能化的学生管理系统。该系统能够自主完成学生数据的搜集、深度剖析以及实际应用，进而为每位学生精心定制个性化的学习指引与生活辅助方案。

与此同时，智能手机与智能穿戴设备等智能终端设备，也在大学生管理工作中发挥着日益重要的作用。它们已经转变为学生管理的高效助手，助力高校更为精准地掌握学生的学习进展与健康状况。通过这些设备，高校能够实时追踪学生的动态，及时发现问题并采取相应措施，从而极大地提高了管理的效率与服务的品质。

展望未来，随着科技的不断赋能，高校学生管理工作将步入一个更加智能化、便捷化的崭新阶段。这不仅将为学生带来更为贴心、高效的服务体验，也将为高校管理工作注入新的活力与动力，推动其不断向前发展。

（三）跨领域融合

高校应深化与各行业及企业的合作广度与深度，以拓宽学生的职业前景与资源获取渠道。通过与产业界的密切联系，能够精准捕捉市场动态与就业趋势，进而为学生提供丰富的实习岗位、就业机会以及贴合市场需求的职业技能培训。这种合作模式不仅有助于提升学生的就业竞争力，还能为他们未来的职业生涯奠定坚实的基础。

高校也应加强与科研机构的合作，共同推动学术研究成果向实际应用的转化。这一举措不仅为学生提供了更多参与创新实践的机会，还促进了产学研的深度融合，为科技进步和社会发展注入了新的活力。

高校还应积极与社会团体、文化机构等建立广泛的合作关系，共同构建多元化的社会实践与志愿服务平台。通过这些平台，学生能够深入社会、了解社会，从而在实践中增强自身的社会责任感与团队协作能力。这种全方位的合作模式，不仅有助于提升学生的综合素质，还能为他们未来的全面发展奠定坚实的基础。

（四）服务的全面升级

大学生的管理模式正经历从传统的学业与生活管理向全面的个人成长与发展管理的深度转型，旨在全面提升学生的综合素养与专业技能。在持续关注学术成就与日常事务管理的基础上，高校应更加重视培养学生的领导力、创新思维以及团队合作等软实力，通过精心设计的课程体系、丰富的实践锻炼机会以及专业的导师指导，多维度促进学生的全面发展与进步。

在这一转型过程中，高校应致力于为学生提供个性化的发展规划与指导服务，密切关注他们的心理健康状态与职业规划路径。为了拓宽学生的视野并增强他们对社会责任的认知能力，高校应积极鼓励学生投身于社会实践与志愿服务活动之中，通过亲身体验与深度参与，让学生能够更好地理解社会、服务社会，从而培养出具有强烈社会责任感与使命感的新时代大学生。这不仅有助于提升学生的综合素质，更为他们未来职业生涯奠定了坚实的基础。

（五）重视个性化发展

高校在学生管理领域对个性化服务的重视程度越来越高，致力于根据每位学生的独特个性与多元化需求，量身定制管理方案，以期充分激发学生的内在潜能，助力其全面成长与发展。借助于先进的学生信息管理系统与数据分析技术，高校能够深入洞察学生的学习模式、兴趣所在及潜在优势，从而为他们精心设计个性化的学习计划、职业发展规划及心理辅导策略。

为了构建一个全方位、多层次的支持体系，高校应积极搭建一个涵盖个性化导师制度、心理健康咨询服务、职业导航与规划等在内的多元化支持网络，旨在为学生提供精准、细致的关怀与指导。这一网络不仅关注学生的学习进展，更重视其心理健康与职业发展，力求在关键时刻为学生提供必要的支持与帮助。

与此同时，高校还要鼓励学生积极参与各类个性化项目与实践活动，如创新竞赛、领导力培养项目等，以拓宽学生的视野，增强其领导力与团队协作能力。通过这些实践活动，学生不仅能够发掘并展示自己的个人特长，还能在实践中不断锤炼自己，逐步实现个人价值，迈向更高的人生目标。这不仅有助于学生的全面发展，更为其未来的职业生涯奠定了坚实的基础。

第二节　高校学生精细化管理模式

一、精细化管理的基本概述

（一）精细化管理的概念

“精细化”（亦称之为“精致化”）的理念源于管理学范畴，其源头可追溯至科学管理之父弗雷德里克·泰勒的科学管理原则。这一理念随后被日本丰田公司采纳并应用于生产实践，进而发展成为“丰田生产方式”（TPS），即广为人知的精益生产理念。作为技术方法论的精细化管理，被管理者用于改善产品、服务及运营流程。它建立在规范化的基础上，以系统化为后盾，以数据化为评估标准，以信息化为执行工具，其核心在于将服务提供者的注意力集中在满足被服务者需求上。

（二）精细化管理的特点

精细化管理作为一种先进且深入人心的管理理念与文化形态，其精髓在于秉持人本思想，即在管理实践的每一个环节中都把人的因素视为核心，充分尊重个体的主体地位，并致力于激发和发挥人的主观能动性。该理念致力于实现品质管理与效率管理的和谐统一，强调在管理流程中精心构建一套涵盖制度体系、工作标准、操作规范、执行效能以及考核评价机制在内的全方位管理体系。具体而言，这一管理体系包含以下关键要素：

首先，构建科学合理的制度体系是精细化管理的基础，它确保各项管理工作有章可循、有据可依。其次，明确且细致的工作标准为管理人员及员工提供了清晰的行为指南，有助于提高工作效率与质量。再次，规范的操作程序确保了管理活动的标准化与流程化，减少了人为失误与资源浪费。复次，高效的执行力是精细化管理得以顺利实施的重要保障，它要求管理者与员工具备高度的责任心与行动力。最后，精细的考核评估机制则是对管理成效进行客观评价的关键环节，它通过对管理过程与结果的全面分析，为持续改进提供有力依据。

精细化管理的特性体现在其深入细致、严谨规范的管理风格之中，它强调对管理过程的每一个环节进行精心雕琢与严格控制，以期达到最优化的管理成效。具体而言，精细化管理的特点可概括为以下几个方面。

首先，它注重管理目标的明确性与具体性，确保每一项管理任务都具备清晰、可衡量的目标，为管理活动的有序开展提供明确指引。

其次，精细化管理强调管理流程的标准化与规范化，通过制定详细、严格的操作流程与标准，确保管理活动的每一步都符合既定要求，减少人为因素导致的误差与风险。

再次，精细化管理注重管理资源的精细化配置与高效利用，通过对资源的合理规划与分配，实现资源的最优化利用，提升管理活动的经济效益与社会效益。

复次，它还强调管理责任的明确划分与落实，确保每一项管理任务都有专人负责，避免责任不清导致的推诿扯皮现象，提高管理效率与执行力。

最后，精细化管理还具备持续改进与自我优化的能力，通过对管理过程与结果的深入分析与评估，及时发现管理中存在的问题与不足，并采取有效措施进行改进与优化，以不断提高管理水平与质量。这些特点共同构成了精细化管理的独特魅力，使其在现代管理中展现出强大的生命力与竞争力。

（三）精细化管理的内容

精细化管理所涵盖的范畴广泛而深入，其核心在于对管理过程的每一个细节进行精心设计与严格控制，以期达到最优化的管理效果。具体而言，精细化管理的内容包括了对管理目标的明确界定、管理流程的细致规划、管理标准的严格制定、管理责任的清晰划分、管理资源的合理配置以及管理效果的全面评估等多个方面。

在这一管理范式下，管理目标的设定需具备高度的明确性与可衡量性，以确保管理活动的方向正确且成果可评估。管理流程则需经过精心设计与优化，以减少冗余环节，提高工作效率。同时，管理标准的制定需严格且具体，为管理人员及员工提供清晰的行为准则与操作规范。

此外，精细化管理还强调管理责任的明确划分，确保每一项管理任务都有专人负责，每一个人都有专项任务，避免责任不清导致的推诿扯皮现象。在资源配置方面，精细化管理注重资源的有效利用与合理分配，以实现资源的最优化利用。最后，对管理效果的全面评估是精细化管理不可或缺的一环，它通过对管理过程与结果的深入分析，为管理改进提供有力依据。

综上所述，精细化管理的内容涵盖了管理活动的方方面面，旨在通过精细化的操作与管理，实现管理效果的最大化。

二、学生工作精细化管理模式可行性分析

（一）精细化管理与高校人才培养目标的高度契合性

精细化管理理念与高校学生工作的革新均深深根植于“以人为本”的核心理念之中，前者着重于管理的人性化关怀，后者则紧紧围绕着“以学生为核心”的教育使命，两者在管理理念与目标层面展现出了高度的契合性，为两者的深度融合与协同发展奠定了坚实的

基础。与此同时，精细化管理所倡导的精益求精精神与高校对于人才培养质量的不懈追求不谋而合，均彰显了对“卓越品质”的坚定执着，两者的有机融合将为高校人才培养宏伟目标的实现注入强劲的动力。

精细化管理通过其细致入微的管理手段，致力于实现管理的人性化与个性化，强调在管理实践中充分尊重与关怀人的需求与感受，这与高校学生工作“以学生为本”的教育宗旨形成了紧密的呼应。而高校对于人才培养质量的持续提高，则要求在教育教学的每一个环节都追求极致，这与精细化管理所秉持的精益求精精神不谋而合。两者在理念与目标上的高度一致，不仅为两者的深度融合提供了可能，更为高校人才培养质量的全面提高开辟了广阔的空间。

综上所述，精细化管理理念与高校学生工作的革新在“以人为本”的核心理念引领下，共同致力于人才培养质量的持续提高，为高校教育事业的发展注入了新的活力与动力。

（二）精细化管理与学生工作制度建设的良好吻合

制度建设是精细化管理与学生工作融合发展的核心要素和关键桥梁，同时也是推动两者深度协同的基石。精细化管理通过精心设计与构建一套科学严谨、规范高效、切实可行的制度体系，以有效应对经营管理活动中日益复杂多变的挑战，进而实现整体效能的显著提升。

同样地，学生工作也置身于一个充满多样性与复杂性的管理环境之中，面临着诸多纷繁复杂的管理情境与挑战。在此背景下，借鉴精细化管理的制度建设理念与实践经验，对于构建学生工作领域全面覆盖、系统完备、操作性强的管理制度体系具有至关重要的意义。通过引入精细化管理的制度构建方法，可以进一步规范学生工作的管理行为，提高管理活动的绩效水平，从而为学生的全面发展与成长成才提供坚实有力的制度保障。

综上所述，制度建设在精细化管理与学生工作的融合发展中扮演着至关重要的角色，它不仅是两者协同发展的核心要素，更是推动管理效能提升与学生成长成才的重要保障。

（三）精细化管理与学生管理过程的深度融合

精细化管理着重于对管理过程中的每一个细微环节进行精准把控，从目标的明确设定，到流程的精细管理，再到执行的严谨落实，均力求实现管理的规范化与标准化。而高校学生工作，作为一个集教育引导、管理服务、支持保障等多维度于一体的复杂系统，其复杂性与多样性对管理提出了极高的要求，亟须引入精细化管理的先进理念与科学方法。

通过精细化管理的引入与实践，高校能够更为精准地设定学生工作的各项目标，确保每一项工作都具备明确的方向与可衡量的标准。同时，精细化管理还能够助力高校构建一套严谨、高效的管理流程，确保学生工作的每一个环节都能够得到有效的监控与协调，减少冗余与浪费，提高管理效率。

在实施执行层面，精细化管理要求高校采取精确的管理决策，确保每一项决策都基于充分的数据分析与科学评估，从而避免决策的盲目性与随意性。此外，精细化管理还强调对工作成效进行科学、客观的考核与评估，通过定期的考核与反馈，及时发现并解决管理中存在的问题，不断优化管理流程与方法。

精细化管理在高校学生工作中的引入与实践，能够将原本繁杂无序的学生工作整合为一个结构清晰、管理有序的统一体，从而全面提高学生工作的质量与效率，为学生的全面发展与成长成才提供有力保障。

三、学生工作精细化管理模式的关键步骤

（一）确定管理目标

高校需始终将优化学生管理质量置于工作的首要位置，视为推动教育事业发展的核心动力。通过先进、科学的管理策略与手段，以创新精神为引领，不断深化学生管理工作的精细化程度，力求在全方位、多角度上实现学生管理工作质量的显著提高。

在此基础上，高校应致力于将精细化管理的先进理念全面融入学校教育的各个维度与层面，确保管理实践的每一个环节都能精准对接管理目标，从而实现管理效果的最大化，切实展现管理改革所带来的实际成效与积极影响。

在学生管理方面，高校需注重充分调动学生的主观能动性与积极性，鼓励并支持学生个性化发展的需求与倾向，通过提供多样化的成长平台与机会，使每位学生都能在其感兴趣的领域与方向上得到充分的发展与展现。

高校还应积极激发教师的工作热情与参与度，通过构建良好的工作氛围与激励机制，引导教师更加主动地投身于教育事业的改革与发展之中，共同为教育事业的繁荣发展贡献力量

高校在优化学生管理质量的过程中，需坚持创新引领，深化精细化管理，全面融入教育理念，充分调动学生与教师的积极性与参与度，共同推动教育事业的持续健康发展。

（二）细化分解并梳理管理工作各流程间的关系

（1）实施流程。精细化管理模式实施流程图如图 3-1 所示。

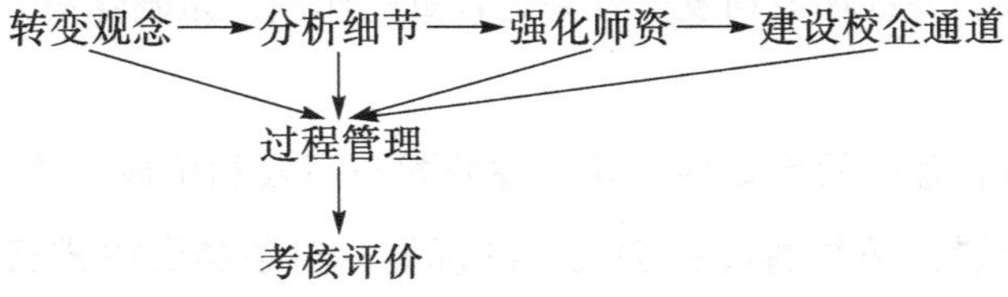

图 3-1　精细化管理模式实施流程

①细化分析。高校学生管理工作需细致入微，以目标为导向，逐步细化，层层分解，构建目标一致、团结协作的管理团队。组织管理是基础，高校应从管理需要出发对组织结构进行调整，构建党政协同、责任分级、管理权下放的管理体系。通过制度的建立和完善，优化管理体系，明确职责和分工，培养质量意识，确保精细化管理的持续实施。

②提升教师素质。教师是教育管理的基础。必须加强对学生管理者的培训并创新方法，既“走出去”学习调研开阔视野，也“请进来”专家进行现场指导，如寒暑假组织教师外出实践、邀请经验丰富的教育专家培训在校教师，提升教师队伍综合素质。

③管理流程。以成果为本的学生管理，旨在提高效率并注重细节。学习、生活、课堂等各个领域都应有明确的细化规定，服务管理应建立风险排查和紧急响应机制，以预防潜在的安全问题；饮食卫生要进行定期和不定期的检查，并建立详尽的记录档案。

④评估与考核。管理的关键在于执行，考核应充分发挥其“指挥棒”的作用。要慎重选择评价结果的展示方式，考核也应以激励为主，必须着眼于教职员工的全面成长，分析过去和预测未来。各级领导要明确自己的权力、责任和利益，实现全面管理和细致管理，确保管理责任的落实，形成精细化的管理模式。

⑤学校与企业的协作。校企协作需贯穿学生管理的全过程，这关乎学生的就业前景。管理活动应促进校企协作，为学生提供实习的机会，支持企业在校园内设立研究机构，激励教师深入企业掌握运营实况，进行实践研究，了解行业趋势和社会需求。通过校企协作，高校能够达成教育管理的目标，助力学生成长并顺利就业，培育能为社会作出贡献的专业技术人才。

（2）执行关系。精细化管理的实施首先需要转变观念，然后进行细节分析，完善制度、明确责任、细化分工、加强家校合作，使学生管理从常规化转变为精细化。实行精细化管理师资力量是保障，需注重提升教师队伍素质。并要加强校企合作助力学生就业。以上各步骤均需注重过程管理，深化细化管理，注重效率质量。考核评价是关键监督点，要发挥考核“指挥棒”作用，确保管理工作有效落实。

（三）细化分解并归类管理资源

高校的持续进步与繁荣离不开各类资源的坚实支撑。这些资源依据教育、管理及服务这三大核心功能，可进一步细化为教学资源、学生管理资源及后勤服务资源等多个方面。它们在教育管理的各个关键环节均发挥着举足轻重的作用，是确保高校稳健运行与高效发展的基石。

鉴于资源在教育管理中的重要性，其合理分配与高效利用成为不容忽视的关键议题。为实现资源的优化配置，必须通过科学统一的规划，对各类资源进行合理调配与高效整合，以期在提高资源利用效率的同时，充分彰显管理的协同效应与整体优势。

具体而言，实现这一目标的关键在于以下几个方面：首先，需构建一套科学完善的资源管理机制，确保资源的分配与使用均有章可循、有据可依；其次，应加强对资源使用情况的动态监测与评估，及时发现并解决资源分配中存在的问题与不足；再次，还需注重提升管理人员与师生的资源意识与节约意识，共同营造节约资源的良好氛围；最后，应积极探索创新资源利用模式，如引入信息化手段提升资源管理效率等，进一步推动资源利用的科学化与高效化。

综上所述，高校的稳健发展与高效管理离不开资源的合理支撑与高效利用。科学规划、动态监测、意识提升及模式创新等多措并举，可有效实现资源的优化配置与高效整合，为学校的持续进步与繁荣发展奠定坚实的基础。

第三节 高校学生网格化管理模式

一、学生网格化管理模式概述

（一）学生网格化管理模式的定义

网格化管理策略通过将管理范畴依据既定准则细致分割为多个小网格单元，进而搭建起一套高效的信息协同与交互体系。在此基础上，它充分利用现代信息技术的强大功能，实现了管理资源的深度整合与全面共享，以及资源配置的优化升级，深刻彰显了现代化管理的核心要义——强调资源的有效整合与效率的大幅提高。

网格化管理通过精细化管理手段，将原本庞大复杂的管理对象分解为若干易于管理的小网格，每个网格内均设立明确的管理职责与目标，从而极大地提升了管理的精准度与可操作性。同时，依托先进的信息技术手段，网格化管理能够实时、准确地收集、整理与分析管理信息，为管理决策提供科学、全面的数据支持。

网格化管理还注重构建跨网格的信息协同与沟通机制，确保不同网格之间的信息共享与协同作业，有效避免了信息孤岛现象的发生。这种跨网格的协同作业模式，不仅提高了管理效率，还增强了管理的整体性与连贯性。

网格化管理通过精细划分管理单元、搭建高效信息协同体系、实现资源深度整合与优化配置等手段，深刻体现了现代化管理的核心理念，为提高管理效率与资源利用效率提供了有力支撑。

网格化管理模式的优势无疑具有显著性与深远性。它借助小单元管理的精细化手段，能够更为敏锐地洞察并预见潜在问题，实现管理的精确化与前瞻性布局。在此过程中，网格化管理通过对组织内部资源的科学统筹与协同配置，最大限度地发挥了资源的利用效能，从而显著提高了管理的整体效率。

网格化管理模式的开放性特点，极大地激发了管理对象的主动性与参与热情，促进了管理者与被管理者之间的深入交流与密切合作，并能够共同致力于问题的识别与解决。这有效弥补了传统一对多管理模式在沟通与互动方面的不足，实现了管理主体与客体之间的良性互动与问题共治。

网格化管理打破了信息孤岛与壁垒，构建了信息在不同层级与区域间自由流通的桥梁，确保了管理过程的连续性与无缝衔接。这一变革不仅消除了管理盲区，还提升了管理决策的精准度与响应速度，为构建高效、协同、智能的管理体系奠定了坚实的基础。

网格化管理模式以其精细化、前瞻性、高效性、开放性及信息流通性等优势，为现代管理实践提供了全新的视角与路径，对于推动管理创新、提升管理效能具有重要意义。

学生网格化管理体制是一种基于数字技术支撑，围绕“单元网格化管理”这一核心理念而构建的创新型管理体系。此体系在充分尊重并沿用学校既有管理架构的基础上，通过对学生管理运作机制与管理架构的深度精细化调整与优化，巧妙地划分出多个管理微单元，进而形成一套条理清晰、功能明确的网格化管理区域网络。

学生网格化管理体制不仅保留了学校传统管理架构的稳定性与连续性，更在此基础上进行了创新与升级。它运用数字技术的先进手段，将原本相对宽泛、模糊的管理区域细化为若干个具有明确职责与边界的管理小单元。每个小单元都承担着特定的管理任务与责任，通过高效的协同与配合，共同构成了整个学生管理体系的坚实基础。

学生网格化管理体制还注重管理区域的动态调整与优化。随着学校发展与学生需求的变化，管理区域可以灵活地进行调整与扩展，以确保管理效能的持续提升与优化。这一特性使学生网格化管理体制能够更好地适应复杂多变的管理环境，为学生提供更加精准、高效的管理服务。

学生网格化管理体制是一种既尊重传统又勇于创新的管理体系。它通过对学生管理运作机制与管理架构的深度精细化调整与优化，构建了一个条理清晰、功能明确的网格化管理区域网络，为提高学校管理效能与服务质量提供了有力支撑。

（二）学生网格化管理的内涵

网格化管理的核心内涵包括五个关键方面：首先，合理地将管理区域细分为若干网格；其次，收集并录入基础数据，以便实现信息资源的共享；再次，建立信息平台，增进管理者与学生之间的交流；复次，建立信息日志，记录网格负责人对成员的访问和巡查活动，并将这些记录保存到信息库中；最后，优化考核激励机制，保障网格化管理的高效执行。详细内容如表 3-1 所示。

表 3-1 网格化管理模式的主要内容

事项	做法
网格的划分	根据一定的标准原则，将管辖地域的学生划分成若干个网格单元，再根据划分好的网格结构，整合公共服务资源，添加服务团队，对网格内的学生提供多元化、精细化、个性化的各种服务
信息数据库的建设	通过网格管理员对辖区范围内人、地、事、物、组织等进行全面的信息采集管理，构建“网格化管理”基础数据库
服务平台的建立	创建多样化的网络平台和办理窗口，以便网格学生能够轻松提交各类意见和需求；网格服务人员利用各种平台、接待来访等手段，收集并记录所有提出的问题和需求，确保系统能够接收并处理每一件事项，涵盖处理流程、完成状态以及反馈评价等详细信息，这些信息都应在平台上全面展示。此外，平台应支持按照事件类型、负责人、处理时长等标准进行筛选查询。授权的各级领导可通过平台掌握事件处理的最新进展，并执行监督职责
信息日志的收录	网格负责人定期去走访，并记录编成日志。网格负责人需对访问记录进行详细处理，若问题超出了自己的处理范围，则应依照既定流程上报。上级领导能够利用日志监督网格服务团队的工作频率与品质，并对团队的服务表现进行评估
考核系统的完善	主要针对办事时限、基础数据的完善、学生的满意率等；考核是长效机制的重要手段，要形成事事有考核，人人有考核以及问题责任追究的机制

（三）学生管理网格化模式的优点

学生管理网格化模式的优势与益处显著且多样。该模式通过将管理活动与数字技术深度融合，实现了管理流程的数字化与网格化，进而带来了诸多积极效应。

首先，学生管理网格化模式显著提高了管理效率。通过构建数字化的管理平台，管理信息的传递与处理速度得到了大幅提升，管理者能够更快速、更准确地掌握学生的动态与需求，从而作出更为及时、有效的管理决策。

其次，该模式增强了管理的透明度与公正性。网格化管理使管理过程更加公开、透明，学生的权益得到了更好的保障。同时，数字化的管理平台也为管理者提供了一种更为客观、公正的管理手段，有助于减少人为因素的干扰，提升管理的公正性。

再次，学生管理网格化模式还促进了管理资源的优化配置。通过整合各类管理资源，构建统一的管理平台，学校能够更有效地利用有限的管理资源，提升管理的整体效能。

最后，该模式还为学生提供了更为便捷、个性化的服务。学生可以通过网格平台随时随地获取所需的信息与服务，大大提升了管理的便捷性与个性化程度。

综上所述，学生管理网格化模式在提高管理效率、增强管理透明度与公正性、优化管理资源配置以及提供便捷个性化服务等方面均展现出显著的优势与益处。

二、网格化管理模式的学理内涵

高校学生网格化管理是巧妙借鉴并创新应用社会网格化管理理念的一种新型管理模式，其针对高校这一特殊教育环境及学生的实际需求，进行了深入细致的调整与优化。这一模式的构思与实施，是多学科领域专家学者智慧碰撞与深度融合的杰出成果，充分彰显了其背后深厚的学术积淀与坚实的理论基础。

具体而言，高校学生网格化管理不仅汲取了社会网格化管理的先进理念，更在此基础上进行了有针对性的创新与拓展。它充分考虑到高校环境的特殊性，如学生群体的多样性、学术活动的复杂性以及管理需求的多元性等，通过构建精细化的管理网格，实现了对学生日常学习、生活及学术活动的全面覆盖与有效管理。

此外，高校学生网格化管理的提出与执行，是多学科智慧交融的典范。教育学、管理学、信息科学等多个领域的专家学者，共同参与了这一模式的构思与设计，从多个角度对其进行了深入剖析与论证。他们的智慧与洞见，为高校学生网格化管理的完善与发展提供了有力的学术支撑与理论保障。

综上所述，高校学生网格化管理不仅巧妙融合了社会网格化管理的理念，更在针对高校特殊环境与需求进行调整优化的过程中，展现了多学科智慧融合的深厚学术理论基础。

三、学生网格化管理模式的现实基础

学生网格化管理模式的实践根基与现实依据深植于当前教育管理的实际需求与挑战之中。该模式是对传统学生管理方式的一种革新与升级，其构建与推行立足于对当前教育环境、学生特征及管理需求的深刻洞察与精准把握。

具体而言，学生网格化管理模式的现实基础主要体现在以下几个方面：首先，随着高等教育的大众化普及，学生群体日益庞大且多元化，传统的一对多管理模式已难以满足个性化、精准化的管理需求。网格化管理通过将学生群体细分为若干个小网格，实现了管理的精细化与针对性，有效应对了学生群体多元化的挑战。

其次，现代信息技术的迅猛发展为学生网格化管理提供了强有力的技术支撑。通过运用大数据、云计算等先进技术手段，网格化管理能够实现信息的快速收集、处理与共享，提升了管理的效率与精准度。

最后，学生网格化管理模式的实践也符合教育治理现代化的趋势与要求。它强调管理的科学性、规范性与民主性，通过构建开放、互动的管理平台，促进了管理者与被管理者之间的沟通与协作，推动了教育管理向更加透明、高效、人性化的方向发展。

综上所述，学生网格化管理模式的实践根基与现实依据在于对当前教育管理环境的深刻洞察、对现代信息技术的充分利用以及对教育治理现代化趋势的积极响应。这些因素共同构成了学生网格化管理模式得以推行并取得成效的重要基础。

第四节 高校“全方位”学生社区管理模式

推行“全方位”学生社区综合管理模式，对于健全高校思政工作架构、保障党组织的工作在学生社区中的全面开展、加速新时代高校后勤社会化改革步伐具有极高的紧迫性与重要性。

为进一步深化该模式的建设成效，需细致考量并妥善处理党建引领与社区党务工作的深度融合、社区服务“全方位”与育人工作“全链条”的无缝对接、项目推进与改革引领的紧密协同以及服务学生个体与促进学生综合素质全面提升的内在关联。通过这一系列举措，旨在全面提升学生社区的建设品质与育人效能，为高校思政工作与后勤社会化改革注入新的活力与动力。

一、“全方位”学生社区建设的基本概述

“全方位”学生社区建设，作为教育领域的一项创新实践，旨在通过整合各类资源与服务，为学生提供一个集生活、学习、交流于一体的“一站式”综合性服务环境。该模式以学生的全面发展为核心，强调社区功能的多元化与服务的便捷性，力图打破传统校园空间的界限，构建一个更加开放、包容、互动的学生生活共同体。

从基础性的角度来看，“全方位”学生社区建设不仅涉及物理空间的规划与布局，更包括服务体系的完善与优化。它要求在设计之初就充分考虑学生的实际需求与未来发展趋势，合理规划社区内的各类设施与服务点，确保学生能够便捷地获取所需资源与信息。同时，该模式还强调社区管理的智能化与人性化，通过引入先进的信息技术手段，提高管理效率与服务质量，为学生创造一个更加安全、舒适、便捷的生活环境。

此外，“全方位”学生社区建设还注重培养学生的自治能力与社区意识。通过组织各类社团活动、志愿服务等实践活动，引导学生积极参与社区管理与服务，增强他们的责任感与归属感。这种以学生为主体的社区建设模式，不仅有助于提升学生的综合素质与社交能力，还能为学校的长远发展注入新的活力与动力。

综上所述，“全方位”学生社区建设的基础性涵盖了物理空间规划、服务体系完善、管理智能化与人性化以及学生自治能力培养等多个方面。这些要素共同构成了“全方位”学生社区建设的核心框架与基本理念，为其实践探索提供了有力的理论支撑与实践指导。

二、学生社区管理的持续优化

针对当前“综合服务型”学生社区管理模式以及“全方位”学生社区管理模式在实际运行中所面临的挑战与不足，本书旨在深入探索其优化策略与实践路径，以期进一步提高该两种模式的管理效能与服务水平。具体而言，优化路径的探讨将从以下几个方面展开。

首先，强化资源整合与配置能力，构建更加高效、便捷的服务体系。通过深入挖掘社区内外部资源，实现资源的有效整合与优化配置，为学生提供更加全面、个性化的服务体验。同时，加强信息化建设，利用大数据、云计算等先进技术，提高服务效率与质量，实现服务的智能化与精准化。

其次，深化学生自治与社区参与机制，激发学生的主体性与创造性。通过建立健全学生自治组织，引导学生积极参与社区管理与服务活动，培养学生的自我管理与团队协作能力。同时，加强社区文化建设，营造积极向上的社区氛围，增强学生的归属感与认同感。

再次，注重个性化需求的满足与全面发展的促进，实现教育管理的精准化与人性化。通过深入了解学生的个性化需求与成长特点，提供有针对性的支持与指导，促进学生的全面发展。同时，加强心理健康教育与职业规划指导，帮助学生建立正确的人生观与价值观，为未来的社会生活与职业发展奠定坚实的基础。

最后，加强评估与反馈机制建设，确保优化策略的有效实施与持续改进。通过建立科学合理的评估体系，对“综合服务型”学生社区管理模式以及“全方位”学生社区管理模式的管理效能与服务水平进行定期评估与反馈，及时发现并解决问题，确保优化策略的有效实施与持续改进。

综上所述，探索“综合服务型”学生社区管理模式以及“全方位”学生社区管理模式优化策略与实践路径，需要从资源整合、学生自治、个性化需求满足以及评估反馈等多个方面入手，以期实现该两种模式的持续优化与创新发展，为学生的全面发展提供有力保障。

第四章　高校学生管理的组织创新

本章聚焦于互联网演进、大数据驱动及新媒体环境等多重维度，系统剖析并深入探索高校学生管理组织架构革新的多元化路径。具体而言，旨在通过重塑高校学生组织结构、营造创新生态的组织管理氛围以及推动学生自治组织的革新等策略，构建一个更为开放包容、灵活高效且富有前瞻性的学生管理体系。这一体系的构建，目的在于全方位促进学生的全面发展，提升其综合素养，从而使其能更好地适应并引领未来社会的变革与挑战。

随着互联网技术的深度融合与广泛应用，借助其强大的连接能力与信息传播优势，打破了传统管理模式的壁垒，实现了信息的快速流通与资源的有效整合。同时，大数据技术的赋能作用也不容忽视，它提供了精准分析学生需求、预测管理趋势的强大工具，有助于高校的管理者制定更为科学、合理的管理策略。

新媒体环境的兴起也为高校学生管理组织的创新带来了新的机遇。通过构建多元化的信息传播渠道与互动平台，可以更加深入地了解学生的真实想法与需求，增强管理的针对性与实效性。同时，新媒体平台也成为学生自治组织发挥作用的重要阵地，它们可以通过这些平台组织活动、传播信息、凝聚力量，进一步提升了学生的自我管理与团队协作能力。

本章从多个角度出发，深入探索了高校学生管理组织创新的具体路径，旨在构建一个更加开放、灵活、高效且富有前瞻性的学生管理体系，以全面促进学生的发展，使其能更好地适应并引领未来社会的变革与挑战。

第一节　创新高校学生组织结构

在推进高校学生管理模式改革的进程中，强化学生管理水平的提高占据着举足轻重的地位，同时也是驱动模式创新的核心旨归。针对此，可以从管理机制革新、管理工作队伍重塑以及资源结构优化配置等多个维度着手，对高校学生的组织结构进行创新性调整，以期达成学生管理水平的显著提高。

管理机制的革新是提升管理效能的关键所在。需要打破传统管理模式的桎梏，引入更为先进、高效的管理理念与方法，构建一套科学合理、灵活应变的管理机制，以确保管理工作的有序开展与高效推进。

管理工作队伍的重塑同样不容忽视。作为管理工作的直接执行者，管理工作队伍的专业素养与综合能力直接影响着管理水平的发挥。因此，高校需要加强对管理工作队伍的培训与建设，提升其专业素养与服务意识，打造一支高效、专业、富有创新精神的管理工作队伍。

资源结构的优化配置也是提高学生管理水平的重要一环。高校需要充分利用现有资源，通过科学合理的规划与配置，实现资源的最大化利用。同时，积极拓宽资源获取渠道，引入更多优质资源，为学生管理水平的提高提供有力保障。

通过管理机制革新、管理工作队伍重塑以及资源结构优化配置等多个方面的努力，可以有效推动高校学生组织结构的创新性调整，实现学生管理水平的显著提高，从而为高校学生管理模式的改革与创新注入新的活力与动力。

一、实施科学的管理机制

推行合理且高效的管理运作体系是至关重要的举措。这一举措强调在管理实践中融入科学原理与方法，旨在通过系统化的流程设计、精细化的任务分配以及动态化的监控与调整机制，确保管理活动的有序进行与效能的持续提升。具体而言，实施合理且高效的管理运作体系，不仅要求管理者具备深厚的理论素养与实践经验，还需要在组织架构、资源配置、决策制定及执行监督等多个层面进行科学合理的规划与布局。通过不断优化管理机制，高校能够更有效地应对复杂多变的管理环境，提升组织的整体竞争力与适应能力，从而为组织的可持续发展奠定坚实的基础。

二、加强学生管理队伍的建设

强化学生管理团队的发展与构建是至关重要的任务。为了有效提高学生管理的质量与效率，必须高度重视并大力推进学生管理团队的发展与构建工作。这涉及选拔具备高度责任心、专业素养及领导才能的个体，组成一支高效协作、富有创新精神的管理团队。同时，还需要通过持续的培训、交流，并建立科学合理的激励机制，不断提升团队成员的专业技能与综合素质，确保他们能够紧跟时代步伐，灵活应对各种管理挑战。此外，优化团队结构、明确职责分工、强化团队协作与沟通也是提升学生管理团队效能的关键环节。通过这些举措，能够为学生管理工作注入新的活力与动力，为培养德智体美劳全面发展的社会主义建设者和接班人提供坚实的人才保障。

三、管理结构的优化调整

高校的学生管理体系是一项既繁复又宏大的系统工程，其高效且有序地运行高度依赖管理组织架构的科学布局与合理设置。为了确保学生管理工作的顺畅推进，必须深刻认识到组织资源与管理架构优化配置的重要性，并着重凸显顶层规划的战略导向作用。通过精确界定并清晰划分各级管理机构的职责权限，以及构建紧密无间的跨部门协同机制，能够确保管理信息的无障碍流通与各类资源的高效整合利用。

在此过程中，顶层规划需紧密结合高校自身的独特属性与实际发展需求，精心擘画出一套全面而系统的管理蓝图，该蓝图应广泛覆盖学生思想政治教育的各个领域与层面。此外，管理流程的规范化与标准化同样是不可或缺的要素，它要求高校不仅要建立健全一整套完备的管理规章制度，明确界定各项管理职责的具体内容，更要加强对管理活动的监督评估力度，以此来确保管理效能的持续提升与不断完善。

综上所述，高校的学生管理体系要实现高效运行，就必须从管理组织架构的优化配置、顶层规划的战略制定、管理职责的明确划分、部门协同机制的构建、管理信息的流通整合、管理流程的规范化与标准化等多个维度入手，全方位、多层次地推进学生管理工作的革新与发展。

（一）组织结构的优化调整

“体制”是组织机构基于自身发展目标，结合组织特性和当前管理状况，所构建的一套规范组织成员行为的规则体系和制度总称。以西方国家为例，美国高校的学生事务管理方式是，管理机构的设置和权限的分配都集中在校园层面，而学院和系部则不设立相应的组织。随着现代企业结构从传统的金字塔模式向更加扁平化的形态演变，中间管理层的作用正在减弱。这种转变通过增加管理跨度和降低管理层次，提高了管理效率①。

当前我国高校学生管理组织结构相对复杂且综合，但这种纵横交织的组织结构并非全然不可取，反而具有一定的本土化特色。现行学生管理组织机构（见图4-1），在管理过程中管理者的主导地位较为明显。

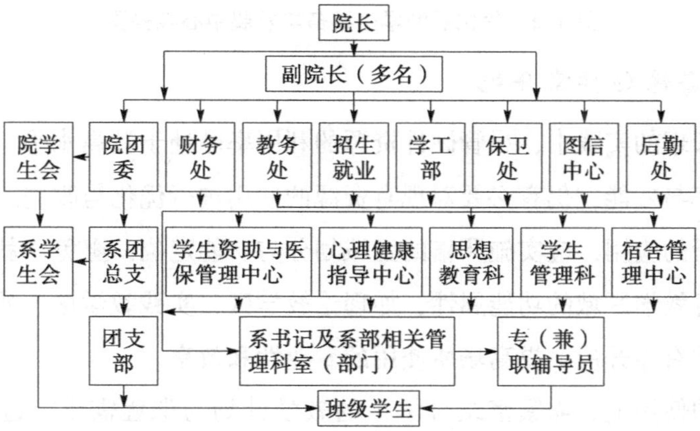

图4-1　现行学生管理组织机构示意图

① 陈信存．高校学生工作管理体制创新略论：以组织结构优化为视角［J］．社会科学家，2013（5）：111-114.

随着社会管理科学与信息技术的不断精进，学生管理体系中所存在的层级繁多、效率低下、效益欠佳等状况愈发显著①。高校应当积极变革，对学生事务管理的组织结构进行深度革新。需摒弃传统的、多层级的直线型组织架构，转而探索并实施一种更为扁平化的组织结构模式。在此过程中，应彻底消除不必要的过渡管理层级，通过精简管理层次来拓宽管理幅度。同时，应设立学生事务综合办公区域，适度增设具备综合服务职能的机构，以期设计并构建一套科学、合理的横向组织架构体系，并使之逐步完善，确保学院的管理部门能够直接面向学生群体，紧密围绕学校的总体管理目标展开工作。在实施上述组织结构调整的同时，还应充分融合科学的管理理念与现代化的管理手段，依托群体智慧与协同合作的模式，最大限度地发挥有限资源的价值潜力。这种旨在弱化等级制度、精简组织结构、强化内部交流、简化工作流程的组织架构调整，不仅有助于学院高层管理者实现全局性的战略规划与领导力发挥，还能够确保基层管理者拥有明确的权责划分与清晰的工作分工，构建更加高效、和谐的学生管理体系。优化后的学生事务与发展中心架构如图 4-2 所示。

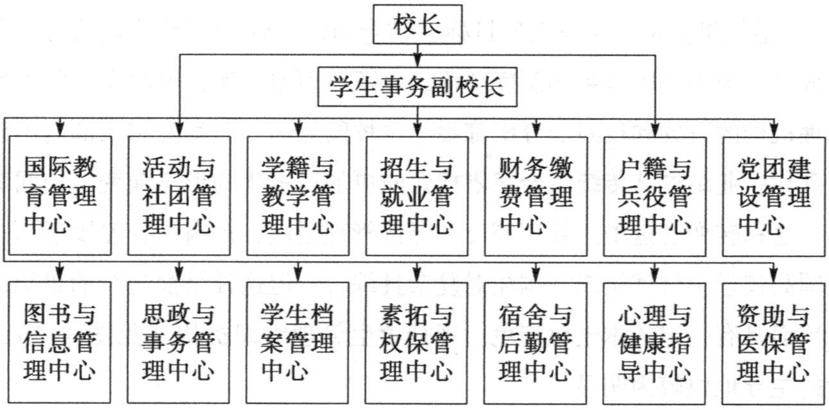

图 4-2　优化后的学生事务与发展中心架构图

（二）硬件资源的按需分配

在高校学生管理的实践中，尽管硬件资源的利用率已处于较高水平，但为了进一步提高学生管理的效率与效能，仍有必要对现有资源的使用进行优化与改进。

关于教学场所的应用，应实施严格的区域划分与功能定位，避免“就地取材”的无序状态。通过明确各教学区域的功能属性，如理论教学区、实践教学区、研讨交流区等，可以确保教学活动的有序开展，提高场所使用的专业性和效率。

在教学设备的使用上，需紧密结合学生的教学计划与课程需求。这包括根据课程性质、学生人数及课时安排，合理配置设备种类与数量，确保教学设备能够充分满足教学需

① 杨小磊，李保英．高校学生工作体系的系统构建与整体优化［J］．系统科学学报，2017，25（1）：81-85.

求，提高设备使用的有效性与针对性。针对学生的自我管理能力，学校应灵活调整自习场所的设置。这包括根据学生的学习需求与偏好，合理确定自习场所的地点、数量及开放时间，以满足学生多样化的学习需求，促进自主学习氛围的形成。

在学生寝室资源的分配上，应坚持规范性与合理性的原则。通过制定明确的分配标准与流程，确保寝室资源的公平分配与有效利用，同时降低宿舍管理的难度与成本，为学生创造一个安全、舒适、有序的住宿环境。

（三）人力资源的合理配置

在组织管理的范畴内，人力资源的合理配置是一个不可或缺且极具复杂性的核心议题，特别是在学校学生管理的具体情境中，这一议题的重要性显得尤为突出。鉴于学生管理工作所固有的综合性特征及其跨部门的本质属性，它迫切需要多个组织部门之间建立一种紧密无间、高效协同的合作机制。与此同时，每个参与其中的组织部门内部，都需精心设立一系列职责界定清晰、分工安排明确的岗位，并由那些具备相应专业能力与素养的个体来负责这些工作，以确保各项管理工作的顺利开展。

在这一背景下，那些直接投身或对学生管理工作产生间接影响的管理者群体，不仅构成了衡量管理工作成效的关键性要素，而且他们之间能否实现有效的沟通与协作，更是关乎学生工作管理能否高效运行的前提条件。换言之，管理者之间的默契配合与高效协同，是学生管理工作取得预期成效的重要保障，也是推动整个管理体系不断优化与升级的核心动力。

因此，必须深刻认识到，在学生管理的复杂语境下，人力资源的合理配置不仅关乎个体的能力与素质，更涉及组织结构的优化、部门间的协作机制以及管理者之间的沟通与协同等多个层面。这些要素相互交织、共同作用，构成了确保学生管理工作高效运行、持续优化的坚实基础。

（四）探索校企合作新型模式

在当前教育与社会经济日益交融、相互促进的发展态势下，校企合作作为一种成效显著的“产教深度融合”教育模式，充分彰显了其独有的优势与深远价值。致力于打造一个以实践教学内容为重心、具备教育引导功能的企业化平台，成为推动这一模式深入发展的核心举措。该平台的精髓在于，将学生的培养直接嵌入企业的真实运营场景之中，使企业成为承担专业实践教学主体责任的关键力量，而非仅仅局限于校园内的模拟实训或教师的理论传授。

通过让学生亲身投入企业的实际项目运作与日常运营之中，这一创新模式不仅从根本上打破了传统教学中“空谈理论、缺乏实践”的固有局限，更在实践中深度挖掘并充分展现了教育的本质意义与核心价值。学生在企业的真实环境中，不仅能够将所学知识应用于解决实际问题，还能在实践中不断磨砺技能、提升素养，从而实现知识积累、技能锤炼与综合素质的全面提升，为未来的职业生涯奠定坚实的基础。

综上所述，校企合作模式下的教育指导型企业平台，以其独特的实践教学方式与显著的育人成效，成为推动教育与经济社会深度融合、实现人才高质量培养的重要途径与有力支撑。

第二节　学生管理的生态链环境创新

学生管理的情境构成了一个错综复杂且充满活力的有机体系，它囊括了多维度、多层面的结构要素与影响因素，这些要素之间彼此紧密关联、相互制约、相互作用，并产生深远的影响。为了对这一情境进行优化升级，推行生态链式的管理模式显得尤为关键且迫切。生态链情境的构筑，其核心在于运用系统性的整合策略，将管理情境中的各类要素进行有机联结与统一，以促进它们之间的协同运作与和谐共生。

该管理模式着重强调各要素间的平衡状态，高度重视情境的整体效能与长期可持续发展。通过实施生态链管理，不仅能够有力地推动学生综合素质的全面提升，还能显著增强管理情境的稳定性和灵活适应性，为高校的高水平、高质量发展提供坚实有力的支撑与保障。在这一过程中，生态链管理不仅关注要素间的相互作用与影响，更致力于构建一个高效、和谐且具备自我调节能力的有机管理体系，以应对复杂多变的管理挑战，推动高校教育事业的持续繁荣与进步。

一、构筑多元化互动教育体系

多元化交互教育体系是指全体教职员工在学院各项职能的明确划分下，灵活运用多种管理策略、手段及媒介，严格遵循学校既定的人才培养规格与标准，通过密切协作，对广大学生实施全方位、系统化的教育引导与管理服务活动。这一体系旨在深度挖掘并全面激发学生的内在潜能与积极的行动力，为构建卓越的校园文化和学习生态奠定坚实的基础，有力促进学生的全方位成长与进步。

在具体实施层面，该体系尤为注重采用以活动为引领、制度为保障、教育为先导、学生自我管理为核心以及服务为感化的多元化互动方法。这些方法相互交织、协同作用，共同构成了多元化交互教育体系的坚实框架与丰富内涵。通过活动的精心设计与实践，能够有效地激发学生的参与热情与创造力；通过制度的建立健全与严格执行，能够确保教育活动的有序开展与规范运行；通过教育的深入引导与悉心培育，能够帮助学生树立正确的人生观与价值观；通过学生自我管理的强化与提升，能够培养学生的自主意识与责任感；通过服务的贴心提供与情感感化，能够营造温馨和谐的学习与生活环境。

综上所述，多元化交互教育体系以其独特的理念与丰富的实践，为培养德智体美劳全面发展的社会主义建设者和接班人提供了有力支撑与坚实保障。

二、推进管理模式的多元化发展

高校推动学生管理方式创新发展实现了由“单一化”向“多样化”的战略转型。例如一个典型范例是“核心型”管理模式，该模式以学生管理为轴心，明确其在学校管理体系中的核心地位，并在此基础上整合设立多个部门或中心，将原本分散于各职能部门的学生事务统一纳入此系统，以实现管理流程的精简与专业化。此模式通过剔除二级管理层的中间环节，直接向一级管理过渡，提高了管理效率①。

另一典型范例为“书院制”管理模式②，该模式侧重于学生的通识教育与人文素养培育，倡导宽松的管理氛围与开放的教育理念，旨在通过培养学生的自我管理能力，将学术教育与日常管理紧密结合。“书院制”管理模式不仅承担传授知识与技能的任务，更重视环境对学生的熏陶作用，打破了专业与年级的壁垒，促进了学生间的跨年级、跨学科交流。

此外，还存在“契约—参与型”模式、“校企合作”模式，以及国际上的“政府主导—社会承担—学校参与”模式、“学校主导—社会参与”模式和“学生自治”模式等③。这些多元化的管理模式，是高校在复杂多变的教育环境中，为提高人才培养质量而进行的创新探索，它们有助于实现学生管理体制的科学化与现代化。

三、推行校园经理（Campus Manager）试点项目

高校可探索性试点校园经理（CM）项目。该项目以学生兴趣为导向，依托学院项目化平台，通过整合学生工作资源，激发学生潜能与创造力，从而提升管理有效性。

CM 项目旨在通过“三自”机制（自我教育、自我管理、自我服务），为学生提供实践与创新平台，鼓励人人参与，营造公平竞争的氛围。项目化运作模式让学生在校园内即体验项目管理，可增强综合素质与创新能力。

为确保项目长效运行，学校应设立“学生工作项目化办公室”，负责活动项目的组织与实施。学生立项后，可使用办公室资源开展项目工作。同时，成立大学生活动项目化中

---

① 姜文波．基于多元化管理模式的高校学生资助工作分析［J］．就业与保障，2023（1）：163-165.

② 梁宏亮．我国高校书院制发展的现状、挑战与对策［J］．高教论坛，2022（10）：78-81.

③ 张治湘，冯林．我国高校书院制与美国高校住宿学院制学生管理模式的比较研究［J］．煤炭高等教育，2013，31（1）：39-42.

心，负责项目管理、督导与评估，确保项目按计划执行①。

项目分为短期与中期，均需严格遵循立项计划，中心将派专人跟进，提供指导与帮助。项目结束后，负责人需提交总结报告及相关材料，接受审核与验收，考核优秀的项目将获得表彰，并有机会转化为更高级别的建设项目或品牌项目。

四、构建包容性的管理制度体系

在高校学生管理领域中，管理制度的构建与优化显得尤为重要。首要之务在于，管理制度需敏锐地捕捉外部环境的变化趋势，主动适应并引领变革，积极探寻并确立自身在复杂环境中的恰当角色与定位。在此基础上，需精心设计与构建一套与外部环境高度契合、能够灵活应对挑战的管理制度框架，以实现服务、管理与教育功能的深度融合与协同发展。

管理制度需具备高度的灵活性与适应性，能够迅速响应外部环境的变化，确保管理活动始终与社会发展的步伐保持同步。同时，管理制度还需注重服务理念的融入，将服务学生、促进学生全面发展作为管理的出发点和落脚点，不断提高服务质量与效率。此外，管理制度还需强化管理与教育的协同作用，通过科学的管理手段与有效的教育引导，激发学生的潜能，培养学生的综合素质，为学生的全面发展奠定坚实的基础。

高校学生管理制度的构建与优化是一个复杂而系统的过程，需紧密结合外部环境的变化趋势，积极探寻恰当的角色定位，构建与外部环境相契合的管理制度框架，以实现服务、管理与教育的深度融合与协同发展，为高校学生的全面成长提供有力保障。

五、培养良好的心理环境

在高校学生管理工作中，构建以师生关系为根本的和谐心理环境占据着举足轻重的地位。首要之举在于，营造一种积极向上、和谐融洽的人际关系氛围以及开放包容的管理情境，这是构筑积极心理环境的关键举措。这一目标的实现，要求管理者与学生之间在知识传授、情感交流、意志磨砺、行为示范等多个维度进行深度互动与相互渗透，进而形成一种情感共鸣、协同合作、尊师重道且互相关爱的全新师生关系模式。

在此新型师生关系中，学生能够深切感受到来自管理者的关怀与支持，管理者也能更好地理解学生的需求与期望，双方共同促进外在管理制度的内化，使之转化为学生内心自觉遵循的行为规范。这一过程不仅有助于激发学生的自律意识与自主管理能力，更能推动学生在知识学习、情感成长、意志锻炼及行为规范等多个方面实现全面发展。

---

① 李元源，王影星，王丽丽．基于数字孪生技术的项目化课程教学模式研究［J］．中国成人教育，2023（6）：62-65.

构建以师生关系为核心的和谐心理环境，对于高校学生管理工作而言至关重要。它要求管理者与学生之间建立深度互动与相互理解的新型关系，通过情感共鸣与协同合作，共同促进管理制度的内化与学生自律能力的提升，为学生的全面发展奠定坚实的基础。

第三节　高校学生管理中的自治创新

激发学生的自我教育与自我管理潜能，是学生管理组织创新的核心目的之一，我们将其视为一种“自治革新”的实践探索。为了达成此目标，必须大力推动学生自治管理体系的发展与完善，着力提升学生的自我管理能力，并精心搭建一个平等交流、互动合作的平台。

学生自治管理的发展，不仅要求学生在管理活动中发挥更大的主动性与创造性，还强调通过实践锻炼，逐步提高学生的自我管理技能与水平。同时，构建一个平等互动的交流平台，是实现学生自治管理的重要保障。这一平台应鼓励学生之间的思想碰撞与经验分享，促进管理者与学生之间的深入沟通与理解，从而为学生自治管理的顺利实施创造有利条件。

学生管理组织的创新实践，应以促进学生的自我教育与自我管理为核心，通过推动学生自治管理的发展、提升学生的自我管理能力以及构建平等互动的交流平台，为培养具有自治精神与创新能力的优秀人才奠定坚实的基础。

一、落实以人为本理念

贯彻以个体为核心的发展理念，将人的需求与福祉置于各项工作的首要位置，是落实“以人为本”思想的精髓所在。这一理念强调在决策制定、资源配置及实践操作中，均需充分考量并尊重人的主体地位，确保人的全面发展成为各项工作的出发点与落脚点。通过持续优化管理机制，提高服务质量，不断满足人的多元化需求，最终实现人的潜能最大化激发与幸福感持续提升，是贯彻以人为本理念的根本目的与最终归宿。

二、提高高校学生自治素质

增强高校学生的自我管理与自治能力，是提升其自治素质的关键所在。这一过程不仅要求学生具备扎实的专业知识与技能，更需培养良好的自我约束、团队协作及决策执行能力。通过参与多样化的自治实践活动，学生能够在实践中锻炼领导力、沟通能力和组织协调能力，进而形成积极向上的自治氛围。同时，高校应提供必要的支持与指导，如开展自治教育培训、建立自治组织及完善自治机制等，以助力学生自治素质的全面提升。

三、完善高校学生自治组织建设

优化并强化高校学生自治机构的建设与发展，是提高校园民主治理水平的重要举措。这一进程不仅关注自治组织结构的合理性与效能性，更注重培养其成员的责任感、领导力及团队协作能力。通过深化自治组织的内部改革，明确职能定位，强化成员间的沟通与协作，可以有效提高自治组织的运作效率与服务质量。同时，高校应加大对自治组织的支持力度，提供必要的资源保障与指导培训，以推动其向更加规范化、专业化的方向发展。在此基础上，进一步拓宽自治组织的参与渠道，增强其在校内外事务中的影响力与话语权，可为学生自治组织的全面建设与持续发展奠定坚实的基础。

第五章 高校学生管理的信息化创新

伴随着信息技术的迅猛崛起，高等教育管理步入了创新变革的新纪元，由于广泛采纳并深度融合计算机信息技术，从而显著增强了管理效能。具体而言，通过精心设计与构建全面的学生信息管理平台，不仅达成了管理流程的精进与资源的高效整合，还有力推动了个性化教育策略的落地实施。这不仅是紧跟时代发展步伐、积极应对时代挑战的明智抉择，更是助推我国高等教育跃升至新境界的巨大动力。在此过程中，信息技术的广泛应用不仅优化了管理架构，提高了工作效率，还为学生提供了更为个性化、精准化的教育服务，为高等教育的全面发展注入了新的活力与动力。

第一节 高校学生管理信息化概述

随着社会文化的不断演进，现代教育观念与体系正历经深刻转型，从而对高校的建设与发展提出了更为严苛的要求。作为社会结构中重要的一环，高校学生管理工作的地位愈发凸显。步入信息时代，必须深刻认识到信息技术融合应用的重要性，借助信息化工具对高校学生管理流程进行革新与优化，实现效率的大幅提高与监督功能的全面强化就成为当务之急。确保管理模式的科学性、高效性以及实用性，不仅是推动高校管理水平迈向新高度的必由之路，更是积极响应教育信息化发展浪潮、顺应时代变迁的明智之选。在这一过程中，信息技术的深度融合不仅将重塑管理流程，提升管理效能，更将为高校教育的全面革新与持续发展提供强有力的支撑与保障。

一、高校学生管理信息化概述

随着信息技术的日新月异，其影响力已广泛渗透至高校学生管理的每一个细微之处，也展现出巨大的发展潜力与无限可能。本节着重探讨以计算机技术为驱动引擎，全面整合并高效配置高校各项资源，从新生踏入校门伊始，即着手构建一个全方位、多层次的信息管理系统，从而实现学生信息的精确捕捉与个性化管理方案的精心制定。

当前，高校学生信息管理的范畴已远远超越了传统界限，广泛涵盖了招生录取、就业指导、经济资助等多个关键领域。与此同时，随着硬件设施的迭代升级，现代化教学工具的广泛应用不仅极大地丰富了教学手段，显著提高了教学质量，更为学生管理工作带来了前所未有的便捷，有力推动了高校整体运转效率的大幅跃升。

信息化浪潮的席卷，不仅极大地方便了师生之间的即时沟通与互动，还依托对学生信息的深度挖掘与细致分析，使学生能够快速精准地获取所需资讯，极大地提升了校园生活的便捷度与满意度。在此基础上，构建多元化、立体化的校园网络服务系统，不仅标志着高校学生管理步入了智能化的全新阶段，更为高校的未来发展铺设了一条宽广而坚实的道路①。

二、高校学生管理信息化的特点

探讨高校学生管理信息化的鲜明特征与独特属性，是深入理解该领域发展趋势的关键所在。这不仅体现了信息技术在高等教育管理中的深度融合与广泛应用，更彰显了管理理念与模式的革新与升级。高校学生管理信息化的特点，首先表现在其能够高效整合并优化配置各类教育资源，通过构建全面、精准的信息管理系统，实现学生信息的实时更新与动态管理。其次，信息化手段的运用极大地提高了管理效率与决策的科学性，通过数据驱动，为管理者的决策提供了更为精准、全面的信息支持。再次，高校学生管理信息化还促进了师生之间的深度互动与即时沟通，为学生提供了更为便捷、个性化的服务体验。最后，信息化还推动了管理流程的透明化与规范化，有效保障了管理的公正性与公平性。综上所述，高校学生管理信息化的特点，不仅体现在技术层面的革新，更在于其带来的管理理念与模式的深刻变革。

三、高校学生管理信息化的作用及意义

探究高校学生管理信息化所发挥的积极作用与深远意义，是把握高等教育管理现代化趋势的重要维度。这不仅标志着信息技术在高校学生管理领域的深度渗透与融合，更体现了管理思维与模式的根本性转变。高校学生管理信息化的作用及意义，首先在于其能够大幅提高管理效率与决策质量，通过构建全面、实时的信息管理系统，实现数据的快速收集、处理与分析，能为管理者提供科学依据，助力精准决策。其次，信息化手段的运用促进了管理流程的透明化与规范化，增强了管理的公正性与公信力，为学生创造了更加公平、公正的学习环境。再次，高校学生管理信息化还强化了师生间的互动与沟通，通过搭建便捷的信息交流平台，提升了服务的个性化与响应速度，增强了学生的参与感与满意度。最后，信息化还推动了教育资源的优化配置与共享，促进了教育公平与质量的双重提高。综上所述，高校学生管理信息化的作用，不仅体现在管理效能的提升，更在于其对教育理念、模式及环境的全面革新与重塑。

---

① 边峰．大数据时代高校学生教育管理工作的创新路径研究［J］．教育信息化论坛，2021（1）：15-16.

第二节　高校学生管理信息化的平台建设

我国高校学生管理信息化的初步成效虽已显现，但在信息平台构建与服务体系健全的道路上，依然任重而道远，这在一定程度上阻碍了高校学生信息管理平台的进一步优化进程。鉴于此，对高校学生管理信息化平台的服务评价机制进行全面而系统的剖析，显得尤为重要。依托这一信息管理平台，能够建立起一个全面、科学的评估框架，为高校学生管理平台的建设与发展提供有力支撑与指导。这一评估机制不仅有助于识别当前平台服务中存在的不足与短板，还能够为后续的改进与优化工作指明方向，确保高校学生管理信息平台能够持续、稳健地向前发展，更好地服务于高等教育管理的现代化需求。

一、学生管理信息化平台建设的意义

高校学生管理信息化平台建设，其核心设计理念聚焦于深度联结每一位在校学生，致力于通过各项目的无缝对接与高效整合，搭建起一个条理清晰、全面覆盖的学生管理框架。在此基础上，通过各管理流程间的紧密协同与相互支撑，共同构筑起一个运作流畅、高效能的学生信息管理中心。精心策划并构建这一信息管理平台，旨在实现以下关键性优势：

首先，它极大地提高了信息管理工作的效率与准确性，使各类学生信息的录入、更新、查询及分析等操作变得更为便捷与迅速。其次，该平台通过智能化的信息处理机制，实现了对学生信息的深度挖掘与全面分析，为管理者提供了更为精准、全面的决策支持。再次，信息管理平台的构建还促进了管理流程的优化与再造，减少了不必要的重复劳动，提升了整体管理效能。最后，它还为学生提供了更为个性化、便捷的服务体验，增强了学生的参与感与满意度。综上所述，高校学生信息管理平台的精心设计与构建，不仅提高了管理工作的效率与准确性，更为高等教育的全面发展注入了新的活力与动力。

（一）应对管理挑战

高校招生规模的扩大为管理工作带来了前所未有的新挑战。在采取大类招生模式的背景下，学生在入学初期并不直接划分至具体专业，而是根据个人兴趣与志向，在后续阶段自主选择学习方向。这一模式虽然极大地强化了基础教育的重要性，拓宽了学生的专业视野，但同时也给管理工作带来了诸多难题与考验。

为了有效应对这些挑战，信息化平台的建设显得尤为重要。首先，通过构建动态化的班级管理体系，能够增强学生的集体归属感与学习动力，使学生在多变的学习环境中依然能够感受到集体的温暖与支持。其次，优化年级管理流程，减少管理过程中的烦琐与障碍，提高管理效率与响应速度，确保各项管理工作能够顺畅进行。最后，借助信息化平台，实时追踪学生的思想动态与生活状况，及时发现并解决潜在问题，确保管理工作的及时性与针对性，为学生的全面发展提供有力保障。综上所述，信息化平台的建设对于应对高校扩招及大类招生模式带来的管理挑战具有重要意义。

（二）全面满足学生管理的核心需求

高校学生管理工作通常围绕年级与班级这两个核心维度展开，而在同一年级内，往往涵盖着数量众多的班级单位。鉴于此，构建以班级为基本单元的信息管理平台，成为高校学生管理工作的重中之重。这一平台的搭建，旨在高效整合并充分利用各类信息资源，通过智能化、自动化的手段，大幅度减轻管理者的日常工作负担，使其能够更加专注于战略层面的规划与决策。

信息管理平台的建设能够实现对学生信息的全面、准确记录与即时更新，为管理者提供翔实、可靠的数据支持。同时，通过优化管理流程，提高信息处理效率，确保各项管理工作能够迅速、精准地落实到位。这不仅全面满足了高校学生管理的实际需求，更在提高管理效能、推动管理创新方面发挥了至关重要的作用。综上所述，以班级为基点构建的信息管理平台，对于优化高校学生管理流程、提高管理质量具有重要意义。

（三）推动高校服务管理平台的全面升级

信息化平台的搭建，不仅推动了高校学生管理制度向着更为综合、全面的方向发展，还成功实现了管理平台在数字化、网络化及互动化层面的深度转型。这一革命性的转型，不仅为学生群体与辅导员之间搭建起了高效、便捷的沟通桥梁，极大地促进了双方的信息交流与互动，更为教育领域的创新实践以及学生管理机制的不断强化奠定了坚实而稳固的基础。

信息化平台的运用，使各类管理信息能够在数字环境中快速传递与处理，从而显著提高了管理效率与质量。同时，网络化的管理模式打破了传统管理方式的时空限制，使管理者能够随时随地掌握学生动态，及时响应学生需求。此外，互动化的平台设计更是鼓励学生积极参与管理过程，形成了良好的师生互动氛围，为教育创新与学生自我管理能力的提升创造了有利条件。综上所述，信息化平台的建设对于高校学生管理制度的完善与管理效能的提升具有深远影响。

二、创建高校学生管理数字化平台的重要性

（一）提高学生管理的准确性和效率

在高校学生管理工作中，数字化工具的广泛应用为管理活动注入了新的活力，使其呈现出更为个性化与细致入微的特点，显著提高了管理工作的效率与质量，有力推动了管理

水平的全方位提高。数字化建设不仅为教师提供了与学生进行高频次互动的平台，还使他们能够深入探究学生的兴趣所在、学业进展以及基础知识掌握情况，并将这些宝贵的信息详尽地录入管理系统之中。

在此基础上，大数据分析与人工智能技术的巧妙融合，为每位学生量身定制了专属的教学与学习计划，这一举措极大地增强了管理的精准度与针对性。与此同时，当代大学生已展现出一定的自主学习与自我管理的能力，形成了各具特色的学习习惯与风格。为了提高管理的精准性，教师亟须深入理解每一位学生，全面掌握其学业成就与兴趣焦点。而高校学生管理的数字化建设，正是教师获取这些关键信息的有效途径，它使教师在管理学生时能够更为精确高效，充分凸显了学生管理数字化建设的必要性与重要价值。

高校学生管理的数字化建设不仅优化了管理流程，提升了管理效能，更为教师提供了深入了解学生、精准施策的重要工具，为学生的全面发展与个性化成长奠定了坚实的基础。

（二）改变了高校学生管理的方法

在高校学生管理的范畴内，数字化建设的显著作用体现在极大提高了工作效率，革新了学生管理的方式方法，全方位强化了管理的实效性，并促使管理向更为细致、具体的方向发展。在数字化进程不断推进的过程中，教师应当充分利用信息技术手段，精准记录并分析学生的学业习惯、兴趣倾向等核心信息，同时依托大数据技术，对教学实践进行深度优化，以期选择出更为科学合理的教学方法与策略。

反观传统的学生管理模式，由于缺乏与学生之间的有效互动与沟通，往往难以做到因材施教，这不仅挫伤了部分学生学习的主动性与积极性，也在一定程度上制约了学生管理的整体质量与效果，进而影响了学生的个人成长与发展进程。而采用信息化手段进行学生管理，则能够有效应对这一系列挑战，显著提升管理效能，充分彰显出学生管理信息化建设的深远意义与重要价值。

数字化建设在高校学生管理中的应用，不仅革新优化了管理方式，提高了管理质量，更为学生的个性化成长与全面发展提供了有力支撑，充分证明了学生管理信息化建设的必要性与迫切性。

（三）符合未来高校学生管理发展趋势

随着科技的不断进步与创新，众多前沿技术已深度融入教育领域，特别是在高校学生管理层面展现出了广泛的应用前景。在这一背景下，教师积极拥抱信息技术，精心策划并设计教学方案，不断优化教学模式，同时，他们还根据学生的个性化学习需求与特点，精挑细选教学内容，以期达到最佳的教学效果。

为了充分激发学生的潜能与个性，教师进一步结合学生的兴趣与偏好，量身定制教学计划，这极大地调动了学生的学习热情与积极性。显然，信息化已经成为高校学生管理领域不可逆转的未来趋势，它不仅与当代学生的性格特质及学习习惯高度契合，更在推动学生个性化发展方面发挥着举足轻重的作用。

学生管理信息化建设不仅是实现教育现代化的重要基石，更是促进学生全面发展、提高教育质量的关键途径。通过信息化手段，高校能够更精准地把握学生的需求与动态，为学生提供更加个性化、高效的管理与服务，从而有力推动学生管理水平的全面提高。

三、高校学生管理信息化平台建设的必要性

高校应当积极发掘信息化平台的巨大潜力，加速推进学生管理工作的信息化与智能化转型步伐。在这一过程中，需充分发挥信息技术的优势，构建高效、便捷的学生管理信息系统，以实现对学生信息的全面整合与精准分析。同时，通过引入智能化管理工具，可以进一步提高管理效率，实现对学生需求的快速响应与个性化服务。总体而言，充分利用信息化平台工具，是推动高校学生管理工作迈向现代化、智能化阶段的关键举措。

（一）促进信息共享

信息化平台在促进学校、教师及学生三方之间的信息共享方面发挥着至关重要的作用，它有力地打破了信息孤岛现象，构建了全方位的信息流通网络。学校可以借助这一平台高效发布各类通知公告与政策指南，确保信息的及时传达与普及。而学生群体则能够通过访问该平台，轻松获取丰富的学习资源、详细的选课安排以及其他关键信息，从而极大地提升了信息获取的便捷性与全面性。它不仅保障了信息的全方位共享，还促进了信息流通的顺畅与高效，为学校的信息化建设与管理工作奠定了坚实的基础。

（二）提高管理效率

信息化平台实现了对学生信息的集成式管理与快速查询，使学校能够即时捕捉并有效处理涉及学生的基本信息、学业成绩、奖惩档案等一系列核心数据。无论是教师还是学生，仅需通过平台的官方网站，便能轻松检索到各自所需的信息资源，这一功能极大地精简了学生管理的流程，减轻了管理工作的复杂程度，同时也为管理者腾出了更多时间，以便他们能够集中精力于其他更为关键的工作领域。

随着学生管理质量与效率的显著提高，各部门之间的协同合作得到了有力促进，整个学校的运作变得更加协调统一。信息化平台不仅为学生管理带来了便捷与高效，更为学校的整体发展注入了新的活力，推动了各部门间的无缝对接与共同进步，从而确保了学校各项工作的顺利开展与持续进步。

（三）提升学生自主性

信息化平台为学生构建了一个全面覆盖的自主学习与自我管理的网络空间。在这个综

合性平台上，学生能够随时随地方便快捷地查阅个人的学习进展，对选课情况了然于胸。与此同时，他们还可以基于个人的学习需求与目标，精心策划并制定出详尽的学习规划。特别是该平台赋予了学生管理自身学习流程的主动权，包括实时跟踪学习进度、灵活调整学习策略等多个维度，使学生真正成为学习过程中的主导者。

这种以信息化为支撑的学习方式，不仅显著提高了学习效率，更在深层次上促进了学生自主学习与自我管理能力的培育。通过平台的助力，学生能够更加自主地掌控自己的学习节奏，有效提升了个人的学术水平与综合素质，为他们在学术领域的深入探索与职业道路上的稳健前行奠定了坚实的基础。

（四）改善师生互动

在当今这个日新月异的数字化时代，信息化平台不仅极大地促进了教师与学生之间的深度互动与沟通，还显著地优化了教学效率与学习体验。教师可以充分依托这一平台，发布包括课程讲义、视频教程、作业布置等在内的多元化教学资源，确保学生们能够迅速且全面地获取到最新、最全面的学习材料。与此同时，信息化平台也为学生搭建了一个极为便捷的提问与讨论空间，使他们能够在此自由地提出心中的疑惑，并与同学们展开深入的学术交流与探讨，这一过程无疑极大地加强了师生之间以及学生之间的沟通与理解，促进了学术氛围的活跃与知识共享的深化。

四、“互联网+”下学生管理信息化平台设计的驱动力

“互联网+”技术，作为一种新兴的网络形态，具备将网络与行业数据融合的能力，其特性涵盖了去中心化、去边界化以及去中介化的特点①。下面进一步分析“互联网+”对高校学生管理信息化平台设计的驱动力，如图 5-1 所示。

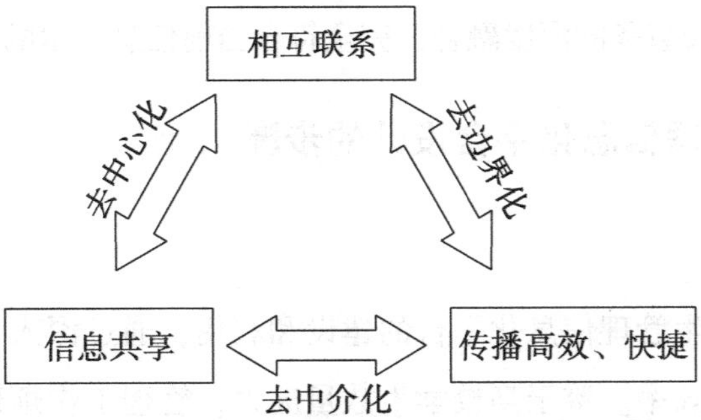

图 5-1　“互联网+”对高校学生管理信息化平台设计的驱动力

（一）打破界限：构建互联网与学生信息共享的全新平台

随着信息技术的不断进步，互联网的业务边界逐渐变得模糊，整个社会正迈向一个更

① 杨景花，李华中. 大数据平台在高校智慧校园建设中的应用［J］. 信息与电脑（理论版），2023，35（6）：245-247.

加开放和共享的信息化时代。以往，高校学生事务管理机构之间信息壁垒重重，信息不对称现象频繁发生，这不仅导致了信息的重复统计与利用，降低了管理效率，还给学生带来了诸多不便。但在“互联网+”的模式下，去边界化策略极大地推动了部门间的信息共享。学生信息只需一次统计，就能将学习、生活等多方面信息有效融合，实现数据平台的全面共享。这极大提高了管理效率，拓宽了范围，有助于培养学生的数据化思维，提升他们的信息素养和综合能力。

（二）去中心化：建立互联网与学生信息互联的通道

去中心化的本质是互联网中的各个节点能够相互连接，且没有任何一个节点掌握中心控制权。在这样一个去中心化的互联网架构中，每个节点都能成为服务中心，依靠强大的信息技术服务平台进行信息追踪与核实。基于此，“互联网+”背景下的高校学生管理信息化平台突破了传统的自上而下的信息传播模式，不仅显著提升了信息传播的速度，还大幅增强了信息的精确度。同时，该平台也促进了学生与高校管理者之间的信息交流，构建了一个平等、开放的信息交流环境①。高校管理部门可以实时获取学生信息，提供更精确、高效的服务，满足他们多样的需求。

（三）减少中介环节：建立互联网与学生信息传播的快捷路径

减少中介环节意味着在互联网时代，信息传播更直接、高效，实现了即时的点对点传播。传统高校学生管理方式中，信息传递往往需经过多个层级，如上级管理部门至辅导员，再到班长和团支书，最终才到学生。这种复杂的流程不仅降低了效率，还可能造成信息失真。但在“互联网+”模式下，学生管理信息化平台通过软件直接连接学生与管理者，确保了信息的即时准确传递。这不仅大幅提高了管理效率，还加强了管理者与学生间的联系和互动，体现了互联网与高校事务的深度融合，完全符合当前信息技术的发展趋势。

五、高校学生管理信息化平台设计的步骤

（一）需求分析

高校越来越重视学生管理信息化平台的建设和利用，通过深入分析平台数据来洞察学生行为，进而提高工作效率。鉴于高校学生数量庞大，管理工作烦琐复杂，对管理数据进行人工更新难度高且效率低下，因此，构建高校学生信息化管理平台对于日常管理工作至关重要。此外，依托信息化数据，高校能更贴近学生实际，运用科学分析工具优化教育管理水平，为决策工作提供坚实的数据支撑。

---

① 王晓菲．“互联网+”时代创新大学生思想政治教育方式的研究［J］．山西煤炭管理干部学院学报，2018，31（4）：63-64.

（二）平台设计目标

设计高校学生管理信息化平台，总体目标是为提高工作效率，帮助院校更好地了解学生的行为①。高校学生管理信息化平台包括校园卡，门禁，成绩记录，奖、助学金评定，学生日常管理等内容，构建方案如图 5-2 所示。主要分为以下几个部分：一是数据收集层，收集校园学生数据，建立学生管理信息化数据库，为后续工作内容奠定基础；二是数据分析层，将录入的相关数据进行归类处理，进行信息共享，信息发送；三是数据应用层，基于数据分析层结果，将结果可视化，实现了高校学生管理信息化平台在实际管理中的应用。

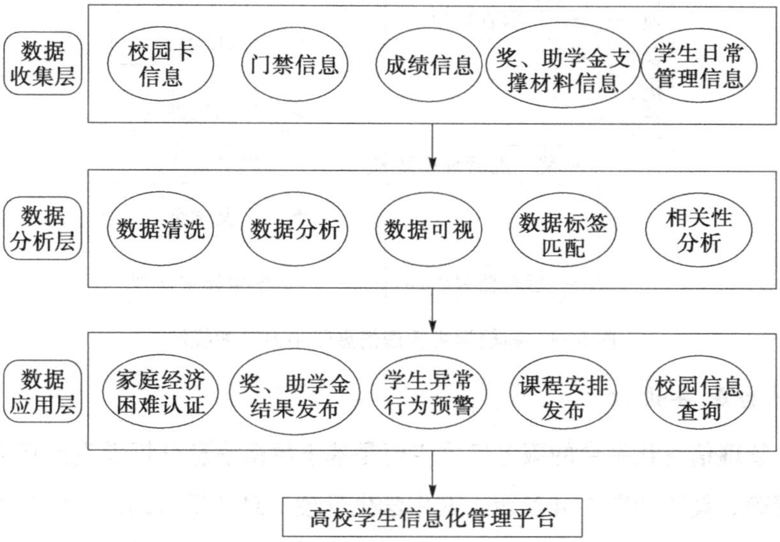

图 5-2 高校学生管理信息化平台构建方案图

（三）平台模块设计

高校学生管理信息化平台构建主要包括以下五个功能模块，分别是：用户管理模块，教职工管理模块，系部管理模块，奖、助管理模块和后台监督模块，具体如图 5-3 所示。其中，用户管理模块主要包括新用户注册、用户登录和用户注销，同时用户根据角色定位可进行信息录入和信息查询等不同操作②。教职工管理模块和系部管理模块主要是学院、教职工、专业导师等对信息进行添加、修改和删除。奖、助管理模块主要是根据学生提供的信息资源和评定准则对学生进行助学金发放、奖学金公布，同时包括一些勤工助学岗位的申请等。后台监督模块主要是查看是否有用户异常登录、对学生心理进行预警，提供院校管理者进行决策分析。

① 王智慧，任杰．高校智慧校园建设中数据平台的设计研究［J］．电脑知识与技术，2018，14（14）：291-292.

② 范世伟．高校学生管理信息化平台设计研究：基于“互联网+”视角［J］．办公自动化，2023，28（10）：16-19.

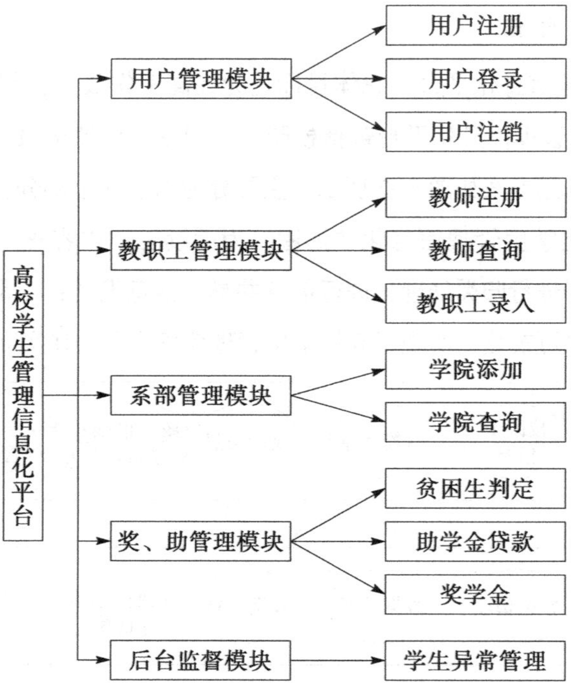

图 5-3　高校学生管理信息化平台功能模块

（四）平台服务设计

高校学生管理信息化平台的服务模式主要是基于数据信息分析学生的行为特征，使院校决策更加精确。具体如图 5-4 所示。其中学生管理信息化平台的四个服务模块分别为学生在校情况，奖、助资助公布，学生毕业去向，异常数据监督。通过分析其数据特征，使高校管理工作更加方便、快捷。

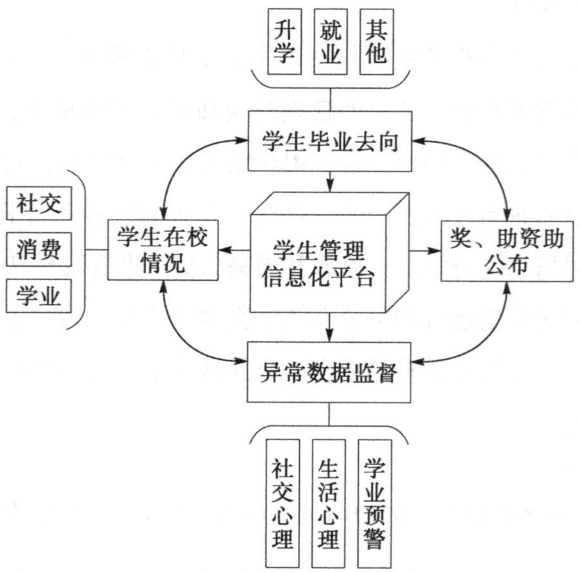

图 5-4　平台服务设计模式

六、高校学生管理信息化平台建设与应用的思路

（一）合理设置功能模块，提供完善的硬件支持

为了构建高效的信息系统，需要科学合理地规划并设置各项功能模块，同时，确保为之提供全面而可靠的硬件基础设施支持，以保障系统的稳定运行与功能的充分发挥。

（二）运用信息化平台数据，实现多部门信息共享

通过充分利用信息化平台所汇聚的数据资源，可以达成多部门之间信息的无缝共享与高效流通。这一举措不仅促进了各部门之间的协同合作，还提高了整体工作效率，确保了信息的准确性和时效性。

（三）积极吸纳教师与学生参与信息化平台建设

在信息化平台的构建过程中，应主动邀请并积极吸纳教师与学生参与其中，以确保平台的实用性、易用性和用户友好性。通过广泛听取教师与学生的意见和建议，不断优化平台功能与设计，进而推动信息化平台在教育领域的广泛应用与深入发展。

（四）构建“事件驱动”型学生管理服务平台

为了打造更加高效与灵活的学生管理体系，高校应致力于构建一个以“事件为核心驱动因素”的学生管理服务平台。该平台将围绕学生生活中的各类事件进行设计与优化，确保能够及时响应并有效处理学生在学习、生活等方面遇到的各种需求与挑战。通过这一平台期望能够全面提高学生管理的效率与质量，为学生提供更加贴心与个性化的服务。

（五）推动信息化管理与传统管理的深度整合

为了实现管理效能的全面提升，高校应当积极推动信息化管理与传统管理模式之间的深度融合与互补。这一整合过程不仅要求在技术层面实现信息化工具与传统管理手段的有效对接，更需要在管理理念、流程设计以及人员培训等多个维度上进行全面革新与优化。通过深度整合，期望能够构建出一个既具备信息化高效便捷特性，又保留了传统管理稳健扎实优势的新型管理体系，从而为学生管理与服务工作注入新的活力与动能。

（六）构建完善的信息安全和隐私保护机制

为了全面保障信息系统的安全稳定运行以及用户隐私权益的有效维护，高校应致力于构建一个健全且高效的信息安全保障与隐私保护机制。这一机制将涵盖信息访问控制、数据加密传输、隐私政策制定与执行等多个关键环节，确保在信息处理与存储的全过程中，能够严格遵循相关法律法规与行业标准，有效防范各类信息安全风险与隐私泄露事件。通过持续完善与优化这一机制，期望能够为用户提供一个更加安全、可靠的信息环境，进而推动信息化建设的健康可持续发展。

第三节 高校学生管理信息化的系统创新

在高校的学生管理范畴内，信息化管理平台的搭建与应用，标志着对传统管理范式的一次深刻转型与创新发展。它不仅极大地促进了管理工作效率与质量的双重飞跃，还确保了管理手段能够紧密贴合现代学生管理的实际需求与变化趋势。借助这一平台，高校能够达成信息资源的全面共享与高效利用，为管理决策过程提供坚实的数据支撑与智能辅助。因此，信息化管理平台的深入实施，无疑是推动高校学生管理向现代化方向迈进的一项核心举措，它为学生管理的精细化、智能化发展奠定了坚实的基础。

一、推动高校管理平台优化升级

（一）强化平台互联互通，构建统一管理体系

为了促进不同平台之间的顺畅沟通与协作，高校应当着力加强平台的互联互通机制，进而构建一个集中统一、高效协同的管理体系。这一体系的构建，旨在打破信息孤岛，实现数据资源的共享与整合，从而提高管理效率与质量。通过强化平台的互联互通，能够确保信息的及时传递与准确反馈，为管理决策提供全面、准确的数据支持。同时，统一管理体系的建立，也有助于规范管理流程，提升管理效能，为组织的可持续发展奠定坚实的基础。

（二）提升平台科学性，优化日常管理流程

为了进一步提升平台的科学性与实用性，高校需要对日常管理流程进行深入分析与优化调整。这一举措旨在通过科学的方法论指导，提高平台运作的效率与效果，确保各项管理活动能够有序、高效地进行。通过优化日常管理流程，能够减少不必要的环节与冗余操作，提升管理决策的精准度与响应速度。同时，这也将有助于构建一个更加透明、公正的管理环境，为平台的持续发展与用户的满意度提升奠定坚实的基础。

二、提升教育主客体的信息化能力与认知

（一）强化教师信息化技能，提升管理效能

为了全面提高教育管理的效能与质量，高校应当着重提高教师的信息化技能水平，以科技赋能教育管理。这一举措旨在通过强化教师在信息技术应用方面的能力，推动教育管理的现代化与智能化进程。通过提升教师的信息化技能，能够更有效地利用信息技术手段优化管理流程，提高管理效率与精准度。同时，这也将促进教师与学生之间的信息交流与互动，为构建更加开放、包容的教育环境提供有力支持。

（二）提升学生对信息管理系统的认知与采纳

为了促进学生更好地理解和接受信息管理系统，高校需要采取一系列措施来加深他们对这一系统的认知与认可程度。这包括但不限于通过教育培训提升学生对信息管理系统的认知，展示其在提高学习效率、优化资源管理等方面的显著优势，以及鼓励学生积极尝试并充分利用系统提供的各项功能。通过这些举措，期望能够激发学生对信息管理系统的兴趣与信任，进而推动他们在日常学习与生活中更加主动、积极地使用这一现代化管理工具，从而实现个人学习效能与信息管理能力的双重提升。

三、优化学校信息化教学管理资源利用策略

信息化教学资源是促进教育现代化的重要动力，在学习过程中不仅为学生提供了多元化的学习材料与便捷的学习渠道，还成为教师教学实践与创新的强大支撑。为了充分发挥这些资源的潜力，高校应当积极探索并实施更为高效的利用策略，以期在提高教学质量与促进学习效率方面取得显著成效。通过科学整合与优化配置信息化教学资源，高校能够为学生创造一个更加丰富多彩、互动性强的学习环境，同时助力教师创新教学方法，增强教学效果，共同推动教育事业的蓬勃发展。

（一）构建便捷高效的资源管理平台，促进资源共享

为了推动资源的高效利用与广泛共享，高校需要着手打造一个功能完善、操作便捷的资源管理平台。这一平台将致力于优化资源的配置与调度，确保各类资源能够迅速、准确地被用户获取与利用。通过平台的构建，期望能够打破资源孤岛，促进不同领域、不同部门之间的资源共享与合作，从而提高整体资源的使用效率与价值。同时，这一平台还将为用户提供一系列便捷的资源管理工具与服务，助力用户更加高效地管理、整合与利用资源，共同推动资源管理与共享工作的深入发展。

（二）拓宽资源共享渠道，丰富资源来源

为了进一步提升资源的可利用性与多样性，高校应当积极拓宽资源共享的渠道，并致力于丰富资源的来源途径。这一举措旨在打破资源获取的壁垒，促进不同领域、不同机构之间的资源交流与共享，从而构建一个更加开放、包容的资源生态体系。通过拓宽共享渠道，确保用户能够便捷地获取到来自多方的优质资源，从而满足不同场景下的需求。同时，丰富资源来源也将激发创新活力，推动资源的持续更新与优化，为用户提供更加全面、深入的资源支持与服务。

（三）建立健全资源建设管理机制，保障资源可持续利用

为确保资源的持续健康发展与有效利用，高校应当构建一个全面、系统的资源建设与

管理机制。这一机制将涵盖资源的规划、开发、整合、利用及评估等多个关键环节，旨在通过科学的管理手段，推动资源的不断优化与升级。通过建立健全这一机制，能够确保资源的可持续性与可更新性，满足不同领域、不同用户的需求。同时，这一机制还将促进资源的共享与合作，打破信息孤岛，提升资源的整体价值与社会效益，为资源的长远发展奠定坚实的基础。

四、健全基于业绩评价的奖励体系

高校学生管理中的信息化建设是一项规模宏大且错综复杂的任务，它的成功推进离不开一个全方位且效能卓越的后勤保障体系的鼎力支持。该保障体系涵盖多维度、多层面，不仅囊括了聚焦于教师专业素养提升与课堂教学方法革新的支持框架，还囊括了以学校长远战略规划与管理架构为坚实后盾的内部支撑系统，以及以学校规章制度的有力保障与教育经费的充足投入为坚强后盾的外部支撑机制。为了使这些保障体系能够形成一个健全完备、协同高效的体系，并充分彰显其强大的支撑效能，高校亟须构建一套科学严谨、合理可行的激励措施与评估应用体系。这一体系的构建，将对于推动信息化建设在高校学生管理中的深入发展，发挥至关重要的作用。

（一）建立科学合理的评估体系

为了减少学生管理信息化领域的投资成本，提高资源运用的效率，并确保学生管理信息化的稳健与持续发展，高校有必要对其成效展开全面且深入的客观评价。为此，构建一套科学严谨、合理可行的评估体系显得尤为重要。该体系需确立清晰明确的评价标准与指标，以确保评价结果的精确无误与公平公正。

基于这一评估体系的输出结果，可以进一步设计一套完善的奖励机制，旨在对那些在教育信息技术应用实践中表现突出的学校、教育工作者、教育管理人员以及信息技术应用能力出众的教师给予充分的认可与嘉奖。这样的奖励机制不仅能够彰显并肯定他们在这一领域的卓越贡献与显著成就，更能激发其他学校与教师的积极性与创造力，促使他们更加主动地投身于学生管理信息化的伟大事业之中，共同推动这一领域的繁荣发展。

（二）合理评估和奖励的运用

只有教师深切体悟到，学校所构建的信息化评价与激励机制对其教学实践起到了显著的促进作用。与此同时，学校领导层对这项工作也给予了极高的关注与重视。才能促使教师更加聚焦于自身在信息化领域内的表现与成就，担忧自己在评价中的成绩可能未能达到预期水平。

在此背景下，教师纷纷加强对信息化教学技能的学习与提升，以期在评价与激励机制中获得更好的表现。他们深刻认识到，学校所构建的这一机制不仅是对他们教学实践的认可与鼓励，更是推动他们不断前行、持续创新的重要动力。因此，教师更加注重在日常教学中融入信息化元素，积极探索信息化教学的新模式与新方法，以期在评价与激励中获得更为优异的成绩。

在信息技术应用的初期阶段，部分教师可能会对之抱有一定的抗拒心理，尤其是在信息技术尚处于萌芽状态时，他们不得不经历一个认知与适应的过渡时期，这一过程可能会给他们带来一定的心理负担与压力。然而，随着逐步掌握并熟练运用信息技术，深切体验到其带来的诸多便利与显著优势后，他们便会逐渐意识到，信息化的推进与发展其实并非如先前所想的那般艰难与不可逾越。

在这一过程中，教师通过不断地学习与实践，逐渐克服了初期对信息技术的抵触情绪，转而积极拥抱这一新兴的教学辅助手段。他们开始主动探索信息技术在教学中的应用场景与方式，以期能够更加充分地发挥其在提高教学质量与效率方面的积极作用。随着教师们对信息技术认知的不断深化与实践经验的日益丰富，信息化的教学模式逐渐成为他们日常教学中不可或缺的一部分，为推动教育事业的现代化发展贡献了自己的力量。

在推动高校信息化进程或引入前沿信息技术之际，高校需将焦点特别放置于对校园信息化程度进行科学评估与构建有效激励机制之上。借助合理且恰当的评价与奖励体系的运用，能够充分激发教师的内在动力与创造力，促使他们更加主动地投身于信息化工作的浪潮之中。

具体而言，通过对校园信息化水平的全面评估，高校可以清晰地洞察出当前信息化建设的成效与不足，进而为后续的改进与优化提供有力的数据支撑。同时，构建一套科学、合理的激励机制，则能够进一步激发教师们的积极性与主动性，鼓励他们在信息化教学中不断探索与创新，为提高整体教学质量与效率贡献自己的力量。在这样的背景下，评价与激励机制的合理运用，无疑将成为推动高校信息化进程不可或缺的重要一环。

五、提高使用信息管理系统的效率

高校信息化建设的核心宗旨在于达成学校管理的规范化与标准化，旨在提升办公、教学管理、沟通交流以及各类应用操作的便捷程度。信息技术的深度融入，使学校管理步入了现代化的崭新阶段，其不仅能够迅速、高效、自动化且系统性地完成与学校相关的各类信息的保存、更新、检索及处理任务，还具备了对学校教育进程中受自然因素及人为因素所影响的教育进度、教育质量以及教育投入进行全面追踪、精准统计、深入分析、客观评估及有效管理的能力。

在这一进程中，信息技术以其强大的数据处理与分析能力，为学校管理提供了前所未有的支持与便利。它使管理者能够实时掌握学校的运行状况，及时发现并解决存在的问题，从而确保学校教育工作的顺利进行与持续优化。同时，信息技术的广泛应用也进一步推动了学校管理的透明化与民主化，为构建更加开放、包容、高效的校园管理体系奠定了坚实的基础。

（一）优化信息化管理系统的整体规划

信息化管理作为一种兼具科学性、复杂性与时效性的管理体系，在其具体实施过程中，必须确保具备高度的实践价值与现实意义。在着手构建信息系统的初期阶段，就应当对系统进行全面而细致的规划布局，这一规划需涵盖系统的发展蓝图、实施路径以及最终达成的目标，确保所构建的系统能够与学校当前的实际情况紧密相连，进而形成一个有序运作、高效协同的整体架构。

在深入设计这一管理体系的过程中，可以依据使用者的不同角色与需求，将其进一步细化为以教师为核心的管理系统以及以学生为主体的管理系统。这两个系统所呈现的内容与功能应当各具特色，充分满足教师在教学过程中的多样化需求以及学生在学习过程中的个性化需求。具体而言，教师主导的管理系统应侧重于提供便捷的教学管理与资源调度功能，以助力教师更加高效地开展教学活动，而学生主导的管理系统则应着重于提供丰富的学习资源与个性化的学习支持，以辅助学生更加自主地完成学习任务。通过这样的细分与设计，就能够构建一个既符合学校实际情况又能够充分满足师生需求的信息化管理体系。

（二）打造符合学校实际的信息化管理平台

高等教育学生管理信息化系统的精髓，在于将信息技术深度融入高等教育的各项管理环节之中，以实现更为高效且规范的管理目标。然而，鉴于部分高校在自主研发能力上的局限性，它们倾向于将信息系统的建设工作外包给专业的技术机构来完成。那么在此过程中，就必须高度重视信息系统的兼容性问题，力求避免重复建设或功能冗余的现象发生。

为确保外包开发的信息系统能够精准贴合学校的实际需求，在实施过程中，必须安排专业的技术人员对系统进行全面且细致的监控与调试。这些专业人员要负责从系统的初步设计到最终上线的每一个环节，各项功能都能与学校的管理流程紧密对接，既不过度冗余，也不遗漏任何关键功能。通过这样的方式，就可以最大限度地提高信息系统的实用性与效率，为高等教育学生管理的信息化进程提供坚实的支撑。

参考文献

[1] 顾鑫．数字赋能背景下高校学生管理工作的机遇、挑战及策略［J］．吉林省教育学院学报，2024，40（11）：115–119.

[2] 祁丽．基于大学生就业的高校学生管理工作探究［J］．中国就业，2024（11）：68–69.

[3] 张晓曦．信息技术在高校学生管理中的应用研究［J］．通讯世界，2024，31（11）：58–60.

[4] 饶卫华．高校学生安全管理和预警系统的建设研究［J］．中国安防，2024（6）：108–111.

[5] 陈静，韦应莉．高校学生事务管理中发挥育人功能研究［J］．产业与科技论坛，2023，22（16）：273–275.

[6] 孙芮，孙子轩．“三全育人”理念下提升高校家庭困难学生就业能力的策略研究［J］．就业与保障，2023（7）：157–159.

[7] 陈远临，钟起万．论新时代高校学生事务管理的中国特色［J］．赣南师范大学学报，2023，44（2）：136–140.

[8] 景鹏成．高校学生管理中信息化平台的建设与应用［J］．中国管理信息化．2023，26（21）：137–140.

[9] 宋京姝，阎国华．高校学生事务管理的精准转向及其实践要求［J］．宿州教育学院学报，2023，26（5）：21–26.

[10] 岳同辉．心理教育对高校大学生管理的重要性探讨［J］．产业与科技论坛，2022，21（2）：251–252.

[11] 杨丽．高校“一站式”学生社区综合管理模式的三重逻辑［J］．齐齐哈尔大学学报（哲学社会科学版），2024（11）：158–162.

[12] 余鸣．“互联网+”时代下的高校学生管理信息化建设［J］．办公自动化，2023，28（24）：16–18.

[13] 周谷，潘佳，顾玮，等．教育 2.0 时代高校学生事务管理的发展与启示［J］．教育教学论坛，2024（20）：185–188.

[14] 张强．高校学生管理信息系统的创新与优化研究［J］．办公自动化，2023，28（19）：17-19+26.

[15] 梁辉．高校学生安全管理立法研究［D］．宁波：宁波大学，2020.

[16] 蔡红生，李恩．移动互联网背景下高校学生事务管理的创新［J］．学校党建与思想教育，2018（21）：82-84.

[17] 亨利·罗伯特．罗伯特议事规则［M］．11 版．袁天鹏，孙涤，译．上海：格致出版社，2015：2.

[18] 杨晓慧．大学生管理研究［M］．北京：高等教育出版社．2012.

[19] W. 理查德·斯科特．制度与组织：思想观念与物质利益［M］．姚伟，王黎芳，译．北京：中国人民大学出版社，2010：66.

[20] 尹晓敏．高等学校学生管理法治化研究［M］．杭州：浙江大学出版社．2008.

[21] 李忠军．意识形态安全与大学生政治价值观研究［M］．长春：东北师范大学出版社．2008.

[22] 赵明吉．大学生管理工作研究［M］．济南：山东大学出版社．2007.

[23] 刘伦．高校学生管理制度创新探索［M］．重庆：重庆大学出版社．2006.

[24] 金东日．现代组织理论与管理［M］．天津：天津大学出版社，2003.

[25] 李正军．高校学生管理工作概论［M］．保定：河北大学出版社．2002.

[26] 张耀灿．思想政治教育原理［M］．北京：高等教育出版社．1999.

[27] Maldonado-Mahauad J，Perez-Sanagustin M，Kizil Ce C R F，etal. Mining Theory-based Patterns from Big Data：Identifying Self-regulated Learning Strategies in Massive Open Online Courses［J］. Computers in Human Behavior，2018，80（3）：179-196.

[28] Luo Li，Junjun Song. An Investigation of the Status and Strategy of College Education Resources Sharing in the Big Data Environment and Countermeasures［J］. Open Journa l of Social Sciences，2018，6（10）.

[29] Daniel Brugman. The Teaching and Measurement of Moral Judgment Development. Journal of Moral Education，2003，32（2）.

[30] Albert Bandura. Selective. Moral Disengagement in the Exercise of Moral Agency. Journal of Moral Education，2002，31，（2）.